BEI GRIN MACHT SICH IHR WISSEN BEZAHLT

- Wir veröffentlichen Ihre Hausarbeit, Bachelor- und Masterarbeit

- Ihr eigenes eBook und Buch - weltweit in allen wichtigen Shops

- Verdienen Sie an jedem Verkauf

Jetzt bei www.GRIN.com hochladen und kostenlos publizieren

Bibliografische Information der Deutschen Nationalbibliothek:

Die Deutsche Bibliothek verzeichnet diese Publikation in der Deutschen National-
bibliografie; detaillierte bibliografische Daten sind im Internet über http://dnb.d-
nb.de/ abrufbar.

Impressum:

Copyright © 2001 GRIN Verlag, Open Publishing GmbH
Druck und Bindung: Books on Demand GmbH, Norderstedt Germany
ISBN: 9783638639842

Dieses Buch bei GRIN:

http://www.grin.com/de/e-book/7200/sms-handy-jugend-jugendliche-und-ihr-
umgang-mit-den-neuen-medien

Isabel Ebber

SMS - Handy - Jugend. Jugendliche und ihr Umgang mit den neuen Medien

GRIN Verlag

GRIN - Your knowledge has value

Der GRIN Verlag publiziert seit 1998 wissenschaftliche Arbeiten von Studenten, Hochschullehrern und anderen Akademikern als eBook und gedrucktes Buch. Die Verlagswebsite www.grin.com ist die ideale Plattform zur Veröffentlichung von Hausarbeiten, Abschlussarbeiten, wissenschaftlichen Aufsätzen, Dissertationen und Fachbüchern.

Besuchen Sie uns im Internet:

http://www.grin.com/

http://www.facebook.com/grincom

http://www.twitter.com/grin_com

SMS - Handy - Jugend

von

Isabel Ebber

Universität Essen
Wintersemester 2001/2002
Veranstaltung: Hauptstufenseminar Medienpädagogik
Kategorie: Hauptseminararbeit
Titel: „SMS – HANDY – JUGEND"
Benotung: sehr gut

„SMS – HANDY - JUGEND"

Isabel Ebber

Inhaltsverzeichnis

I.
Die Medien im Wandel – Die Jugend im Wandel.

„Die Telefonzelle stirbt aus"[1], titelt der Spiegel Online wehmütig und macht darauf aufmerksam, wie die Etablierung des Handys als alltägliches, mobiles Kommunikationsmedium die Veränderung des Straßenbildes beeinflusst. Bei Einnehmen eines Blickes aus der Vogelperspektive kommt man zu einem ähnlichen Resultat, weil man von dort die Vermehrung von Mobilfunkantennen auf Dächern beobachten kann, was im übrigen eine neue Einkunftsquelle[2] und auch Diskussionsquelle[3] das Thema Strahlenbelastung betreffend, darstellt. Die Person mit dem Handy in der Hand oder dem Handy am Ohr, Tasten drückend oder öffentlich Privates sprechend, ist in der Gesellschaft zu einem gewohnten Bild avanciert.

Titel von Publikationen wie „Generation@", „Die neue Mediengeneration", „Die Windowsgeneration"[4], verweisen auf von Medien und Medienentwicklung getragene Jugendkulturen. Doch was sind Jugendkulturen? Was ist Jugend? Ist jugendlich, wer zwischen 13 und 18 Jahre alt ist? Nein, denn in der „Vorstellung vom Jugendalter als einer Vorbereitungs- und Übergangsphase zum Erwachsenenalter" welche als eine Phase der eigenen Existenzsicherung und Familiengründung und Familienentwicklung steht, und in einer Zeit mit langen Ausbildungsprozessen und dadurch bedingt verzögerten Ablösungsprozessen vom elterlichen Heim, „werden die Grenzen des Jugendalters zunehmend schwimmend [...]".[5]

Vermuten kann man in dieser Ausweitung der Jugendphase stark altersbedingte Differenzen der jugendlichen Generation, sich manifestierend in der Entwicklung verschiedener Jugendkulturen.

---

[1] Spiegel Online am 18/04/01: Wegen Handy Boom. Die Telefonzelle stirbt aus.
   Internetadresse: http://www.spiegel.de/wirtschaft/0,1518,128756,00.html
[2] Vgl. COBY Consulting GmbH: Vermieten Sie und Ihre Dachflächen.
   Internetadresse: http://www. dach-geld.de/home.htm
[3] Vgl. Untitled Document: Links zum Thema Handy-Strahlung und Elektro-Smog.
   Internetadresse: http://www.handy-werte.de/links.html
[4] Vgl. Opaschowski, Horst W.: Generation@. Die Medienrevolution entläßt ihre Kinder: Leben im Informationszeitalter. Hamburg 1999.
   Vgl. Weiler, Stefan: Die neue Mediengeneration. Medienbiographien als medienpädagogische Prognoseinstrumente.
   Eine empirische Studie über die Entwicklung von Medienpräferenzen. München 1999.
   Vgl. Schwab, Jürgen/Stegmann, Michael: Die Windows-Generation. Profile, Chancen und Grenzen jugendlicher
   Computeraneignung. München 1999.
[5] Knoll, Joachim H.: Jugend, Jugendgefährdung, Jugendmedienschutz. Münster/Hamburg/London 1999. (Junge Lebenswelt, 1). S. 164.

❖ *„Jugendkulturen sind diejenigen Teile einer nationalen oder übernationalen jugendlichen Population, die für das Jugend-Selbstverständnis einer bestimmten Epoche oder eines ungefähr angebbaren Zeitraumes Leitbilder setzen und auch von den Erwachsenen und ‚Erziehungsberechtigten' als diejenigen wahrgenommen werden, die aufgrund ihrer scharf konturierten Eigenarten mit oft herausforderndem Charakter für die ältere Generation in besonderer Weise Irritationen darstellen. Damit ist in der Regel auch etwas über die Qualität von Jugendlichen gesagt, die sich an Jugendkulturen orientieren oder ihnen zugehören. ‚Jugendkulturelle Jugendliche' erfüllen in besonders markanter Weise die Jugend-Gestalt einer Epoche oder eines Zeitraums [...] Was Jugend eigentlich heute ausmache, ist schwer endgültig festzumachen, denn alles ist im Fluss. Nicht zuletzt die Massenmedien sorgen dafür, dass auch hier eine Entstrukturierung der Altersphasen stattfindet. [...] Und wiederum – gegenläufig sind es gerade die Jugendkulturen, die sich der Altersgrenzen nivellierenden Medien bedienen, um ihre eigenen jugendkulturell-typischen Ausdrucksgebärden hervorzubringen und öffentlich zu machen. "*[6]

Welche Rolle das Handy in diesem Kontext spielt, soll in dieser Arbeit herauskristallisiert werden? „Die Gruppe der Teenager zählt zu der ersten Generation, für die das Internet eine Selbstverständlichkeit darstellt"[7], konstatiert Jupiter MMXI, ein international vertretendes Unternehmen mit den Angeboten Online-Nutzungsmessung und Analyse. Der Satz beansprucht auch Geltung , wenn man den Begriff „Internet" durch den Begriff „Handy" ersetzt.

„Vom Lagerfeuer zur Musikbox"! So betitelt Anno 1985 die Berliner Geschichtswerkstatt e. V. ihre herausgegebene Publikation über den Wandel von Jugendkulturen von 1900 bis 1960.[8] Prägnant wird über diesen Titel auf den Wandel von Kommunikationsverhältnissen hingewiesen. Verbale Kommunikation im Kreis um ein Lagerfeuer gruppiert bei Gitarrenbegleitung und bedächtigen Gesängen mit Blick in die Glut, wird im Wandel der Zeit und damit einhergehenden technischen Entwicklungen abgelöst vom Lauschen nach Tönen aus Boxen bei begleitendem Drehen an Knöpfen und Antennen. 1913 machte man erfolgreich Werbung zum Zwecke der Begeisterung der deutschen Jugend für ein

[6] Baacke, Dieter: Jugend und Jugendkulturen. Darstellung und Deutung. 3., überarbeitete Auflage.Weinheim und München 1999. S. 227, S. 236.
[7] Jupiter MMXI: Die Teenager von heute prägen die Online-Welt von morgen. Pressemitteilung vom 2. August 2001.
Internetadresse: http://de.jupitermmxi.com/xp/de/press/releases/pr_080201.xml
[8] Vgl. Berliner Geschichtswerkstatt e.V. (Hg.): Vom Lagerfeuer zur Musikbox. Jugendkulturen 1900-1960. Berlin 1985.

Wandervogelleben mit Wanderliedern und Nestabenden[9]. Und heute? Heute ist das Wort Wandervogel aus dem gebräuchlichen Wortschatz gestrichen und gerät in Vergessenheit. So scheint es auf jeden Fall.

Wanderfahrten machen und aktivieren die Jugendlichen heute mit dem Einsatz medialer Möglichkeiten. Und das ist ganz anders. Kleine Reisen in die Kinowelt, täglich auch Abstecher in das, was das TV so an Junk-Food zu bieten hat, DVD ist auch im Rennen, Videos gibt's auch noch, vielleicht mal einen Technotrip wagen und morgen gibt's den Eintritt in die Musikwelt der MP3-Formate, des öfteren ein Stop in Chaträumen, dann surft man auch regelmäßig im Internet, der Freundin schickt man kurz ein „hdl" (hab dich lieb) via SMS, dem Freund ein „hdgdl" (hab dich ganz doll lieb), regelmäßig wird die Mail-Box aufgesucht, Emails abgefragt und ausgesandt. Und zwischenzeitlich bekommt man laut durch Gebimmel oder Melodiensequenzen, oder aber leise durch Vibrationen bestätigt, das man eine Person ist, zu der man Kontakt sucht, denn das Handy ist immer dabei. Ist das die Gemeinsamkeit der Jugendkulturen, zu beobachten als Skater, Technofans und beispielsweise Fußballfans?

Ist das die Differenz der Jugend zur älteren Generation? Ist es nicht ein Widerspruch, dass immer mehr Senioren das Internet als Beschäftigungsfeld entwickeln, dass sich Computer und Handy zu Standardmedien in Haushalten entwickeln?

Weicht man aber ab von der Methode, Differenzlinien nach Besitzmaßstäben zu ziehen, sondern nach Nutzungsmaßstäben, dann kann man erkennen, wie sich die Jugend im Umgang mit Medien manifestiert und abgrenzt. Wie das Handy im öffentlichen Raum wahrgenommen wird, welche Muster des kollektiven Gebrauchs bestehen, wie ist das Nutzungsverhalten Jugendlicher im Umgang mit dem Handy ist, welche speziellen Aufgaben und Funktionen das Handy für Jugendliche erfüllt, welche Rolle das Handy in der Peergroup einnimmt, warum der Short Message Service so beliebt ist, wie und warum die Sprache durch SMS als Kommunikationsform beeinflusst wird und was das Verhältnis jugendlicher SMS-Nutzer zur Sprache kennzeichnet, soll schwerpunktmäßig in dieser Arbeit beantwortet werden.

---

[9] Vgl. ebd. S. 15 bis S. 16.

II.
Daten zur Verbreitung und zum Nutzungsverhalten des Internets und des Handys.

Die Kontaktsuche insbesondere für Jugendliche ist, wie die **ARD/ZDF-Onlinestudie 2001** mittels einer Telephonbefragung von 1001 Onlinenutzern zwischen 14 und 60 Jahren und älter herausgefunden hat, ein zentrales Nutzungsmotiv. Von den 14 bis 19-jährigen Jugendlichen, die einen Gesamtanteil von 13 % an der Befragung ausmachen, nutzen 77 % mindestens einmal wöchentlich Email-Dienste, 40 % Gesprächsforen, Newsgroups, Chats und 29 % informieren sich über Veranstaltungshinweise in der Region.

Daten von **Jupiter MMXI** bezüglich der Online-Nutzung für die Woche vom 18. bis 24. Juni 2001 zeigen, das insgesamt 9, 845 Millionen deutsche Nutzer an 3, 6 Tagen online waren. Eine Rangfolge der Nutzung von Internetangeboten zeigt, dass SMS-, Messenger-, und Email-Dienste wie ICQ-Applications, MSN Messenger Service, Yahoo! Messenger, 12SMS.de und web.de unter den ersten 10 Top Domains für Deutschland sind.[10] Diese Daten bestätigen allgemein das Kontaktmotiv. Jupiter MMXI findet durch eine Verbraucherumfrage über das Online-Verhalten von Jugendlichen in den USA heraus, das Jugendliche im Internet gefundene Musikdownloads, Witze oder Grußkarten mehrmals pro Woche mit anderen Jugendlichen austauschen.[11]

Dieses Austauschverhalten erinnert an traditionelle Hobbyformen mit Kontaktmotiv, die noch vor kurzem rege vermarktet wurden wie das Sammeln in Alben und der Austausch von Glanzbildern, Briefmarken, Aufklebern, Stickern, Kärtchen mit Abbildern von Fußballspielern oder Comicfiguren. Parallel zur Verbreitung des Internets expandiert der Handymarkt.

Das amerikanische Marktforschungs- und Beratungsunternehmen **DisplayResearch** verkündet im Dezember 2001 in seinem „Quarterly Mobile Phone Shipment and Forecast Report", dass Anno 2001 weltweit rund 407, 7 Millionen Handys verkauft wurden, dass seit 1999 die Handyverbreitung weltweit von 8,1 % auf 15 % zum Ende des Jahres 2001 gestiegen ist, dass für Anno 2005 ein Anstieg um 9 % erwartet wird, womit dann 24 % der Weltbevölkerung ein Handy besitzen würden. Bei Betrachtung der Weltmarktanteile ist Westeuropa vor Nordamerika und China mit 25, 7 % bei abnehmendem Wachstum an erster Stelle. Nokia ist mit einem weltweiten Marktanteil von 33, 8 % gefolgt von Motorola,

---

[10] Vgl. Jupiter MMXI: Jupiter MMXI veröffentlicht erstmals wöchentliche Online-Nutzungsdaten. Pressemitteilung vom 3. Juli 2001. Internetadresse: http://de.jupitermmxi.com/xp/de/press/releases/pr_070301.xml

[11] Vgl. Jupiter MMXI: Die Teenager von heute prägen die Online-Welt von morgen. Pressemitteilung vom 2. August 2001. Internetadresse: http://de.jupitermmxi.com/xp/de/press/releases/pr_080201.xml

Samsung, Siemens und Ericsson an der Spitze.[12] Wie die **Welt** berichtet, mussten die Handy-Hersteller Anno 2001 wegen der hohen Versorgungsdichte vor allem in Westeuropa und dem sich nicht eingestellten kalkulierten massiven Nachfragesogs in den USA, Lateinamerika und China erhebliche Gewinneinbußen hinnehmen. Als problematisch für den Markt kann man außerdem die Nichteinführung der multimediafähigen UMTS - Übertragungstechnik aufgrund von technischen Mängeln werten. Mit der dadurch bedingten Stagnation der Entwicklung des Handys entsteht eine mit attraktiven Alternativen zu überbrückende Übergangslücke. „Langsam zeichnet sich ab, dass so genannte Smart Phones – Kombinationen aus Handy und Organizer – zum ‚Standardmodell für Fortgeschrittene' werden."[13]   Die **GSM-Association**, das „Global System for Mobile Communications", beziffert das weltweite Wachstum der Versendung von SMS - Botschaften über das GSM-Netz von 4 Billionen im Januar 2000 auf 20 Billionen im Juni 2001.[14]

Der **Spiegel-Online** berichtet, dass mit etwa 15 Milliarden verschickten SMS Anno 2001 die Deutschen damit den Weltrekord erreicht hätten. „Die erste SMS wurde 1992 in Großbritannien verschickt; im Jahr 2000 sandte der durchschnittliche Handybesitzer 35 Kurzbotschaften pro Monat."[15] Dabei ist SMS „ein zunächst unbeabsichtigtes Nebenprodukt des Mobiltelefonierens: Die kurzen Textbotschaften wurden ursprünglich von den Mobilfunknetzbetreibern verwendet, um den Kunden Nachrichten zu schicken. In kurzer Zeit und für die Netzwerkbetreiber vollkommen überraschend entdeckten Jugendliche die Kurznachrichten für sich, zuerst in Finnland und den skandinavischen Ländern, einige Zeit später auch in Deutschland."[16]

Nach Ergebnissen von **Jupiter MMXI** besitzen 51 % aller Personen über 2 Jahre in Deutschland ein Handy mit den höchsten Zuwachsraten bei Kindern und Teenagern in den ersten beiden Quartalen Anno 2001. Die Befragung von Jupiter MMXI für 2001 ergab auch, dass zwar 23, 9 % der Befragten einen Zugriff zum Internet über das Handy hätten, aber nur 6, 2 % diese Möglichkeit in den letzten 30 Tagen nutzten.[17] Erklären kann man dieses niedrige Verknüpfungspotential zwischen Handy und Internet mit Zugriff vom Handy

[12] Vgl. DisplaySearch Press. New DisplaySearch Quarterly Report Tracks Worldwide Mobile Phone Penetration, Display Procurement, Revenues and Prices.
Internetadresse: http://www. Displayresearch.com/press/2001/122001.html
[13] Die Welt-Online am 26/01/02: Die Wende am Handymarkt lässt noch auf sich warten.
Internetadresse: http://www.welt.de/daten/2002/01/26/0126un310234.htx
[14] Vgl. GSM-World. SMS Growth und Forecast to December 2001.
Internetadresse: http://www. gsmworld.com/memership/graph_sms.html
[15] Spiegel-Online am 26/01/02: die Piep-Show. Simsen, bis der Daumen schwillt.
Internetadresse: http://www.spiegel.de/unispiegel/wunderbar/0,1518,179007,00.html
[16] Androutsopoulos, Jannis/Schmidt, Gurly: SMS-Kommunikation: Ethnographische Gattungsanalyse am Beispiel einer Kleingruppe. Institut für Deutsche Sprache. Mannheim 2001. S. 2.
Internetadresse: http://www.ids-mannheim.de/prag/sprachvaiation/tp/tp7/SMS-Kommunikation.pdf
[17] Vgl. Jupiter MMXI: Drei von vier sind wirklich drin. Pressemitteilung vom 27. August 2001.
Internetadresse: http://de.jupitermmxi.com/xp/de/press/releases/pr_082701.xml

ausgehend mit der unkomfortablen Zugriffsart.[18] Ergebnisse des Digital Media Reports von **MMXI Europe** für Oktober 2000 zeigen für den umgekehrten Fall des Zugriffs ein anderes Bild: „Der Trend zum eigenen Handy macht sich beim Online-Nutzungsverhalten von Jugendlichen bemerkbar. Services im Internet für das mobile Telefonieren erreichen bei Teens eine doppelt so hohe Reichweite wie bei den durchschnittlichen Nutzern: Jeder Dritte (35, 3 %) der jungen Surfer [der 10 bis 19-jährigen] nutzte bereits im Oktober 2000 mindestens einmal eine Website mit Services für das Handy oder zum Versenden von Kurzmitteilungen." Begünstigt wird dieser Trend, wie Thomas Pauschert, der Geschäftsführer von MMXI Deutschland ausführt, durch die Verbreitung von Handys mit Prepaid Cards. „Da ist es klar, dass junge Surfer die Möglichkeiten des Internets nutzen, um kostenlos Short Messages zu verschicken."[19] Der kostenlose SMS-Dienst über das Internet soll auslaufen. Zu lukrativ ist der Boom der SMS-Kommunikation.

Dies zeigt sich auch in der Ausweitung des Short Message Service auf das Festnetz durch das nun zu erwerbende SMS - fähige Telefon wie das von der Telekom entwickelte „T-Sinus 710K"[20], sowie in der jüngsten von Verbraucher- und Jugendschützern angeheizten Diskussion um die letztendlich verworfene drastische Reform der SMS-Preisliste von T-D1.[21]

Momentan aber gibt es noch zahlreiche über Werbung finanzierte Dienste im Internet, über die man oft auch weltweit in der Regel nach einer Registrierung kostenfreie Short Messages, manchmal auch gegen Gebühr extra lange Short Messages verschicken kann.

Folgende Adressen stehen exemplarisch für diese Möglichkeiten.

❖ *http://free-sms-messages.com/*	❖ *http://sms.orf.at/*
❖ *http://www. sms.at/*	❖ *http://www.sms.hottipps.de/*
❖ *http://www.bigsms.de/*	❖ *http://www.sms.search.ch/*
❖ *http://www.free-sms.de/*	❖ *www.hutchison-private.de/*
❖ *http://www.sms.de/*	❖ *www.uni.de/*

---

[18] Vgl. zur Kritik des mobilen Surfens: Spiegel Online am 18/01/01: Mobile Internet. Noch zu langsam, zu teuer? Internetadresse: http://www.spiegel.de/netzwelt/technologie/0,1518,112920,00html
[19] Jupiter MMXI: Der Handyboom bei Teens zeigt sich auch im Internet. Pressemitteilung vom 4. Dezember 2000. Internetadresse: http://de.jupitermmxi.com/xp/de/press/releases/pr_120400.xml
[20] Vgl. Spiegel-Online am 23/03/01: Cebit-Trends. SMS goes Festnetz. Internetadresse: http://www.spiegel.de/netzwelt/technologie/0,1518,124257,00.html
[21] Vgl. FAZ am 22/01/02. Nr. 18. S. 13: Deutsche Telekom macht Rückzieher bei SMS-Preisen.

Außerdem läuft das Geschäft mit dem Versenden bzw. herunterladen von Schmusesounds, auch eigens zusammengestellten Klingeltönen, Logos, Handyspielen, Sprüchen für die Voice Box, Bildbotschaften und Photo - SMS. Dann kann man kostenlose Infodienste für News, Horoskope, Lottozahlen und Sport in Anspruch nehmen. Und wenn einem mal nicht einfällt, was man schreiben kann, dann kann man unter zahlreichen Homepages wählen, die Sammlungen von SMS-Sprüchen, kategorisiert nach Anlässen wie beispielsweise Glückwunschspruch, Entschuldigungsspruch, Schmunzelspruch, Liebesspruch, Freundschaftsspruch, Frauenspruch usw., bereithalten. Folgende Adressen stehen exemplarisch für diese Möglichkeiten.

❖ *http://klingeltoneditor.logohit24.de/*   ❖ *http://sms-ems.de/*
❖ *http://sms-infowelt.de/*   ❖ *http://www.sms.at/*
❖ *http://www. sms-dorf.de/*   ❖ *http://www.sms.dreams.de/*
❖ *http://www.1stopmobile.com/*   ❖ *http://www.sms-city.com/*
❖ *http://www.clever-sms.de/*   ❖ *http://www.sms-ecke.de/*
❖ *http://www.free-sms.de/*   ❖ *http://www.sms-special.de/*
❖ *http://www.handylogos-handytoene.de/handy-symbole* ❖ *http://www.urbanity.de/*

Dienste, die Massensendungen für Werbezwecke erlauben, findet man unter:

                                                  ❖ *http://www.ecall.ch/*
❖ *http://www.mgenie.co.uk/*   ❖ *http://www.sms4.de/*
❖ *http://www.sendbulksms.com/*   ❖ *http://www.smstoday.co.uk/*
❖ *http://www.deliversms.com/*

Auch Angebote, welche versprechen, dass man für den Erhalt von Werbung via SMS Geld verdienen kann, gibt es.

❖ *http://www.kohle-mit-sms.de/*
❖ *http://www.sms-reklame.de/*
❖ *http://www.targeo.de/*

SMS bietet ebenfalls eine neue Möglichkeit, über das Internet nach Eintrag in eine Datenbank unter folgenden Adressen, neue Kontakte zu knüpfen.

> ❖ *http://flirt-besser.de/partner/free-sms/index.shtml* ❖ *http://smsflirter.de/*
> ❖ *http://sms-flirt.at/* ❖ *http://www.smsgayflirt.de/*

Wer Spaß an einem Wettbewerb hat, konnte außerdem bis zum 31/01/02 unter http://www.ShortMessageStory.de/ in 160 Zeichen den Ausgang einer Kurzgeschichte formulieren und ein Handy gewinnen. Über http://www.bigsms.de kann man seine Prepaid-Karte egal von welchem Anbieter, aufladen. Dass die Inanspruchnahme von SMS-Internetdiensten Spuren hinterlässt, zeigt sich dann, wenn der Handybesitzer in Hülle und Fülle Werbung via SMS erhält, oder Wahlkampfparolen wie beispielsweise von Kurt Beck, oder sogenannte Lock-SMS, die zum Druck auf die Rückruftaste verführen sollen, was (un)gewollt zur Verbindung mit einer 0190-Sex-Nummer führt.[22]

Das weitreichende Angebot im Internet rund um das Handy zeigt, wie stark dieses Kommunikationsmedium im Alltag zumeist im Zusammenhang mit dem Kontaktmotiv mit hohem Aufmerksamkeits- und Zuwendungsgrad integriert ist und wie sich darauf die Commercial-, Sex- und Politikindustrie gewinnorientiert einstellen.

III.
Zur wissenschaftlichen Forschungssituation.

Drei Namen zur Forschung in Bezug auf die SMS-Kommunikation in Deutschland nennen zu können, offenbart, wie gering wissenschaftlich durchleuchtet dieser noch recht junge Bereich ist, was als ein Grund gelten mag. Eine weitere Ursache kann in der Problematik des Zugangs zu empirischem Material begründet sein, worauf **Jannis Androutsopoulos** hinweist[23], denn die Speicherkapazität des Handys ist auf circa 15 SMS - Botschaften beschränkt. Daraus folgt das Erfordernis, SMS – Mitteilungen genau und über einen gewissen Zeitraum für den Erhalt eines Textkorpus zu übertragen, was Aufwand wie Disziplin impliziert und die personale Bereitschaft für diese Arbeit. Ein weiteres Problem für den Erhalt von empirischen Material

---

[22] Spiegel-Online am 26/05/01: SMS-Werbung. Treibjagd per Telefon.
Internetadresse: http://www.spiegel.de/netzwelt/netzkultur/0,1518,136365,00.html
[23] Androutsopoulos, Jannis/Schmidt, Gurly: SMS-Kommunikation: Ethnographische Gattungsanalyse am Beispiel einer Kleingruppe. Institut für Deutsche Sprache. Mannheim 2001. S. 7 bis S. 8.
Internetadresse: http://www.ids-mannheim.de/prag/sprachvaiation/tp/tp7/SMS-Kommunikation.pdf

kann trotz gewährleisteter Anonymität darin begründet sein, das die Short Message einen privaten Bereich darstellt, der als Intimitätsbarriere die Bereitwilligkeit zur Freigabe blockiert. Die drei Namen, die für eine Verknüpfung zwischen SMS und Forschung stehen, sind:

- ❖ *Jannis Androutsopoulos vom Institut für Deutsche Sprache in Mannheim, der unter Mitarbeit weiterer Personen eine „Ethnographische Gattungsanalyse am Beispiel einer Kleingruppe"[24] durchgeführt hat.*

- ❖ *Joachim Höflich von der Universität Erfurt, der Anno 2000 unter Mitarbeit weiterer Personen das Forschungsprojekt „Jugendliche und SMS. Gebrauchsweisen und Motive"[25], betrieb.*

- ❖ *Peter Schlobinski von der Universität Hannover, der Anno 2001 unter Mitarbeit weiterer Personen für eine „Pilotstudie zu sprachlichen und kommunikativen Aspekten in der SMS-Kommunikation"[26] verantwortlich ist.*

Aufmerksam gemacht wird auch auf **Christa Dürscheid** von der Westfälischen – Wilhelms – Universität Münster, die mit zur Hilfenahme der oben genannten wissenschaftlichen Studien einen Aufsatz über den Vergleich von E-mail und SMS verfasst hat.[27]

Hingewiesen sei ebenfalls auf das **„Speedpanel – Innovationsprojekt der Onlinemarktforschung"[28]**, das über Internetbefragungen Daten für Anno 2001 liefert zur Anzahl täglich versendeter SMS-Botschaften und zur Form der Nutzung des SMS-Dienstes in Abhängigkeit vom Familienstand. Leider untermauert das Speedpanel die Daten zur SMS-Nutzung nicht mit Informationen zur Qualität und Quantität der Befragung.

Auf dem Büchermarkt gibt es außerdem einige Publikationen mit zumeist Ratgeberfunktion, die sich mit dem Phänomen Handy und SMS beschäftigen wie:

- ❖ *Dittmar, Achim/Lautenschläger, Gert: Handy. Workshop und Tools. Düsseldorf 2001.*
- ❖ *Haller, Andy: SMS - Messages. Niederhausen 2000.*
- ❖ *Jochmann, Ludger: SMS. Sprüche, Tipps und Tricks. Frankfurt am Main 2000.*
- ❖ *Lehnert, Gertrud: Mit dem Handy in der Peepshow.*
  Die Inszenierung des Privaten im öffentlichen Raum. Berlin 1999.

---

[24] Androutsopoulos, Jannis/Schmidt, Gurly: SMS-Kommunikation: Ethnographische Gattungsanalyse am Beispiel einer Kleingruppe. Institut für Deutsche Sprache. Mannheim 2001. S. 1 bis S. 31.
[25] Vgl. Höflich, Joachim/Steuber, Stefanie/Rössler, Patrick: Forschungsprojekt. Jugendliche und SMS. Gebrauchsweisen und Motive. Zusammenfassung der ersten Ergebnisse. Universität Erfurt. August 2000. S. 1 bis S. 18.
Internetadresse: http://www.uni-erfurt.de/kw/forschung/smsreport.doc
[26] Vgl. Schlobinsi, Peter/Fortmann, Nadine/Groß, Olivia/Hogg, Florian, Horstmann, Frauke/Theel, Rena: Simsen.
Eine Pilotstudie zu sprachlichen und kommunikativen Aspekten in der SMS-Kommunikation. In: Networx Nr. 22/ 2001. S. 1 bis S. 38.
Internetadresse: http://www.websprache.net/networx/docs/networx-22.pdf
[27] Vgl. Dürscheid, Christa: E-Mail und SMS-ein Vergleich.
Internetadresse: http://www.websprache.uni-hannover.de/workshop/downloads/duerscheid/index.htm
[28] Speedpanel. Speedfacts Research Mai/Juli 2001. Interaktionsformen mit SMS. Häufigkeit der Nutzung von SMS.
Internetadresse: http://www.speedpanel.com/ergebnis.php3

- ❖ _**Lottes, Stefanie:** SMS für Dich. München 1999._
- ❖ _**Neuhaus, Joachim:** SMS für Verliebte._
  Zitierfähige Sprüche und unverzichtbare Ratschläge.
  Frankfurt am Main 2001.
- ❖ _**Reischl, Gerald/Sundt, Heinz:** Die mobile Revolution._
  Das Handy der Zukunft und die drahtlose Informationsgesellschaft.
  Wien/Frankfurt 1999.

Statistische Daten hinsichtlich der Verbreitung von Handys weltweit hat das amerikanische Marktforschungsunternehmen **„Displaysearch"**[29] ermittelt. Beachtung in wissenschaftlichen Diskussionen fand der Short Message Service neben dem von **Peter Schlobinski** organisierten Workshop vom 16. bis zum 17. November 2001 mit dem Titel „Sprache und Kommunikation im Internet"[30], sowie am 12. Oktober 2001 auf dem von **Joachim Höflich** organisiertem Symposium an der Universität Erfurt mit dem Leitgedanken „Vermittlungskulturen im Wandel.
Brief-E-mail-SMS"[31].

IV.
Begrifflichkeiten und Bedeutungen. Handy und SMS.

Das Handy ist ein multifunktionales Kommunikationsmedium. Neben dem Dienst, mobil zu telefonieren, stellt das Handy über das Wireless Application Protocoll (WAP) einen mobilen Zugang zum Internet bereit. Neben mündlicher Kommunikation bietet es über den Short Message Service (SMS) die Möglichkeit der schriftlichen Kommunikation.
Peter Schlobinski beschreibt „SMS-Mitteilungen [...] [als] kurze Textbotschaften von in der Regel maximal 160 Zeichen Länge, die zwischen einzelnen Handys, aber auch über das WWW ausgetauscht werden. Es existieren bereits zahlreiche Infodienste, die per SMS den Nutzer auf den neuesten Stand bringen [...] Es lassen sich bereits Waren und Dienstleistungen per SMS bezahlen, [...] und mit der Entwicklung des Standards MMS (Multimedia Messaging Service) können zukünftig neben Text und Grafiken auch Audio- und Videodaten verschickt

---

[29] Vgl. DisplaySearch Press. New DisplaySearch Quarterly Report Tracks Worldwide Mobile Phone Penetration, Display Procurement, Revenues and Prices.
Internetadresse: http://www. Displayresearch.com/press/2001/122001.html
[30] Vgl. Projekt Sprache@web. Workshop. Sprache und Kommunikation im Internet. Infomappe.
Internetadresse: http://www.websprache.uni-hannover.de/workshop/downloads/infomappe.pdf
[31] Vgl. Universität Erfurt. Kommunikationswissenschaft. Tagung.
Internetadresse: http://www.uni-erfurt.de/kw/Tagung/symposium.html

werden."[32] Unter Verweis auf den neu eingeführten Enhanced Messaging Service (EMS), mit dem bis zu 255 SMS- Botschaften verknüpft werden können, um größere Textmengen und auch Graphiken zu versenden, meint die **Frankfurter Rundschau** zu erkennen, dass die pure SMS schon bald in die Kategorie „altmodisch" abgelegt werden kann.[33]

Diese Fingerzeige auf die Entwicklungs- und damit Wandlungsfähigkeit des über das Handy angebotenen schriftlichen Kommunikationsdienstes kann als Beleg für die Notwendigkeit folgenden Anspruchs gelten: Beschreibungen und Definitionsversuche des über das Handy angebotenen schriftlichen Kommunikationsdienstes müssen dem aktuellen technischen Entwicklungsstand angeglichen werden. Dass die Bezeichnung „Mobiltelefon" für das Handy aufgrund seiner Multifunktionalität nicht adäquat ist, darauf machen **Gerald Reischl und Heinz Sundt** aufmerksam, womit sie unterstreichen, dass dieser Anspruch dann auch für das Handy gilt.[34]

Joachim Höflich verweist auf die Bedeutungsungenauigkeit bezüglich des sprachlichen Einsatzes der Bezeichnung SMS. „Üblicherweise spricht man etwas ungenau von SMS verschicken. SMS ist indessen der Dienst, mit dem die Nachrichten versandt werden."[35] Die Wortneuschöpfung „simsen" bietet einen Ausweg aus diesem Dilemma.

Christa Dürscheid erklärt dazu: „Dieses Kunstwort ist eine Ableitung aus dem Initialsubstaniv SMS (Short Message Service). Das Verb wurde mit einem Vokalbuchstaben versehen, um die phonetische Sprechweise zu ermöglichen. Gelegentlich liest man auch SMSen (analog im Englischen *to SMS*) Dieser Verbstamm besteht hier einzig aus den Initialbuchstaben SMS.[36]

Jannis Androutsopoulos und Gurly Schmidt verorten den Short Message Service nach kommunikationswissenschaftlichen Unterscheidungskriterien von **Runkehl u.a. (1998)[37] und Holly (1997)**.[38] Holly differenziert zwischen Medien und Kommunikationsformen. Medien sind „konkrete, materielle Hilfsmittel, mit denen Zeichen verstärkt, hergestellt, gespeichert und/oder übertragen werden können", während Kommunikationsformen „virtuelle Konstellationen"[39] sind, entstanden aus den Ressourcen

---

[32] Schlobinsi, Peter/Fortmann, Nadine/Groß, Olivia/Hogg, Florian, Horstmann, Frauke/Theel, Rena: Simsen. Eine Pilotstudie zu sprachlichen und kommunikativen Aspekten in der SMS-Kommunikation. In: Networx Nr. 22/ 2001. S. 4 bis S. 5.
[33] Frankfurter Rundschau Online am 29/01/02: Die SMS wird bunt – und noch teurer. Internetadresse: http://www. frankfurterrundschau.de/fr/200/t200006.htm
[34] Vgl. Reischl, Gerald/Sundt, Heinz: Die mobile Revolution. Das Handy der Zukunft und die drahtlose Informationsgesellschaft. Wien/Frankfurt 1999. S. 13.
[35] Höflich, Joachim: Das Handy als „persönliches Medium". Zur Aneignung des Short Message Service (SMS) durch Jugendliche. In: kommunikation@gesellschaft. Jahrgang 2. 2001. S. 2. Internetadresse: http://www.uni-frankfurt.de/fb03/K.G./B1_2001_Höflich.pdf
[36] Dürscheid, Christa: E-Mail und SMS-ein Vergleich. S. 4.
[37] Vgl. Runkehl, Jens/Schlobinski, Peter/Siever, Torsten: Sprache und Kommunikation im Internet. Opladen 1998.
[38] Vgl. Holly, Werner: Zur Rolle von Sprache in Medien. Semiotische und kommunikationsstrukturelle Grundlagen. In: Muttersprache. Heft 1. 1997. S. 64 bis S. 75.
[39] Ebd.

und spezifischen Eigenschaften der Medien. Dabei dienen Holly folgende Kriterien a. bis c. zur Kategorisierung von Kommunikationsformen. **Jannis Androutsopoulos und Gurly Schmidt** ziehen für die Bedeutungsfixierung von SMS die Kriterien d. bis e. von Runkehl hinzu:

a. *Zeichentyp.*

b. *Kommunikationsrichtung.*

c. *Kapazität zur Speicherung bzw. Übertragung.*

d. *Zeitlichkeit.*

e. *Anzahl der Interaktionspartner.*

Das Resultat dieses theoretischen Fundaments lautet wie folgt:

❖   *„Das Medium Mobiltelefon ermöglicht die Kommunikationsformen Telefonat und SMS. Die SMS-Kommunikation ist im wesentlichen auf Schriftsprache (mediale Schriftlichkeit) eingeschränkt. Sie ist ferner dialogisch, asynchron und individuell (1:1), findet also zwischen einzelnen Kommunikationspartnern statt. Das Übertragungsmedium Mobiltelefon ermöglicht zudem eine geringe Speicherungskapazität von i.d.R. bis zu 15 Botschaften, ist der Speicher belegt, können neue Nachrichten nur durch das Löschen älterer erhalten werden."[40]*

Den differenzierenden Definitionen von Handy als Medium und SMS als Kommunikationsform wird in dieser Arbeit gefolgt. Der Bedeutungsungenauigkeit der Abkürzung SMS wird vorgebeugt, indem in dieser Arbeit   die Nutzung dieses Dienstes durch die   Formulierungen „Short Message verschicken – Short Message erhalten" oder „SMS-Botschaften verschicken – SMS-Botschaften erhalten", kenntlich gemacht wird. Von Alternativen wie die Neologismen „simsen" oder „SMSen" darstellen,   wird in dieser Arbeit wegen begrifflicher Präferenzen der Autorin abgesehen.

---

[40] Androutsopoulos, Jannis/Schmidt, Gurly: SMS-Kommunikation: Ethnographische Gattungsanalyse am Beispiel einer Kleingruppe. Institut für Deutsche Sprache. Mannheim 2001. S. 4.

V.
SMS - Brief - Chat - E-mail - Telefon.
Analogien - Unterschiede - Vorteile - Nachteile - Folgen.

Die Problematik, SMS begrifflich und kategorisch zu bestimmen, zeigt sich auch in Vergleichen des Short Message Service mit anderen Kommunikationsformen.

Jannis Androutsopoulos und Gurly Schmidt verweisen auf folgende Unterschiede:

„SMS unterscheidet sich

❖ *vom Telefonat durch den Zeichentyp (medial mündlich vs. schriftlich) und die Zeitlichkeit (synchron vs. asynchron),*

❖ *vom Chat durch die Zeitlichkeit und die Anzahl der Kommunikationspartner,*

❖ *von Email durch die weitgehende Beschränkung auf individuelle (1:1) Kommunikation. Weitere Unterschiede zwischen SMS und Email sind die reduziertere Zeichenmenge, die eingeschränkte Speicherkapazität, die höheren Kosten und die permanente Verfügbarkeit des Mobiltelefons."[41]*

Christa Dürscheid sieht Analogien zwischen E-mail und SMS und begründet den Bestand einer Vergleichsbasis zwischen SMS und E-mail folgendermaßen:

❖ *Sowohl bei der Email als auch bei der SMS ist im Gegensatz zum Chat und zum Telefonat die Kommunikation asynchron.*

❖ *Sowohl bei der Email als auch bei der SMS erfolgt im Gegensatz zum Telefonat die Kommunikation über die Schrift, woraus sich Konsequenzen für die Wahl der Sprache ergeben.*

❖ *Sowohl bei der Email als auch bei der SMS handelt es sich im prototypischen Fall mit Ausklammerung von Rundmails und Mailabonnements von Nachrichtendiensten um eine „Eins-zu-Eins-Kommunikation"[42]*

Joachim Höflich fragt „Sind SMS-Botschaften gar (kleine) Briefe?"[43] und kommt nach Vollzug eines Vergleichs mit   zur Hilfenahme einer Definition des Briefes von

---

[41] Androutsopoulos, Jannis/Schmidt, Gurly: SMS-Kommunikation: Ethnographische Gattungsanalyse am Beispiel einer Kleingruppe. Institut für Deutsche Sprache. Mannheim 2001. S. 4.

[42] Vgl. Dürscheid, Christa: E-Mail und SMS-ein Vergleich. Stand: 23/11/2001. S. 2 bis S. 3.

[43] Höflich, Joachim: Das Handy als „persönliches Medium". Zur Aneignung des Short Message Service (SMS) durch Jugendliche. In: kommunikation@gesellschaft. Jahrgang 2. 2001. S. 6 .

Reinhard Nickisch[44] zu der Antwort, dass die Short Message zwar Merkmale eines Briefes hat, aber nicht der Form eines klassischen Briefes gleichgestellt werden kann   und Neustellung der Frage, ob die SMS-Botschaft nicht eine „E-mail für das Handy", darstellt, was durch Umfragen zu überprüfen wäre. Die   Brücke   zwischen   den   zwei Fragen   baut   Joachim   Höflich   über   die von **Peter Koch und Wulf Oesterreicher**[45] konzipierte Unterscheidung von medialer und konzeptioneller Schriftlichkeit/Mündlichkeit, die sich folgendermaßen darstellt:

❖ *„Während sich die Realisierungsebene von Mündlichkeit/Schriftlichkeit auf das Medium bezieht, in dem Sprache ‚realisiert' (gesprochen oder geschrieben) wird, meint die konzeptionelle Seite den Duktus, die Modalität der Äußerungen. So kann einerseits etwas, das gesprochen wird (im phonischen Medium realisiert wird), durchaus konzeptionell schriftlich sein (wie beispielsweise im Falle eines wissenschaftlichen Vortrags). Etwas das geschrieben wird (im graphischen Medium realisiert wird) kann andererseits auch konzeptionell mündlich sein.* "[46]*

Auf dieser theoretischen Basis   bahnt Joachim Höflich folgenden Vergleichsweg:

❖ *Wie die SMS-Botschaft enthält der Brief als „Redesubstitut zum Zwecke eines kommunikativen Austausches", folgende Merkmale eines kommunikativen Aktes: „Er informiert (sach-orientiert), appelliert (partner-orientiert) oder manifestiert (selbst-orientiert).* [47] *„Zumindest unter einem solchen allgemeinen Vorzeichen hätte man es bei Short Messages mit einer Form brieflicher Kommunikation zu tun. [...] Markant sind indessen die Momente der Verschriftlichung und des Phasenverzuges.* "[48]*

❖ *Wie der Short Message Service enthält der Brief die zeitlichen Phasen des Schreibens und Lesens. Aber konträr zum Brief weisen SMS-Botschaften durch Formen konzeptioneller Mündlichkeit[49] wie bei der Email ein „Verquicken von schriftlicher und mündlicher Kommunikation", auf.*

---

[44] Vgl. Nickisch, Reinhard M. G.: Der Brief. Stuttgart 1991. S. 12.
[45] Vgl. Koch, Peter/Oesterreicher, Wulf: Schriftlichkeit und Sprache. In: Günther, Hartmut/Ludwig, Otto (Hg.): Schrift und Schriftlichkeit. Handbücher für Sprach- und Kommunikationswissenschaft- Bd. 1. Berlin/New York 1994. S. 588 bis 604.
[46] Höflich, Joachim: Das Handy als „persönliches Medium". Zur Aneignung des Short Message Service (SMS) durch Jugendliche.
   In: kommunikation@gesellschaft. Jahrgang 2. 2001. S. 7.
[47] Nickisch, Reinhard M. G.: Der Brief. Stuttgart 1991. S. 12.
[48] Höflich, Joachim: Das Handy als „persönliches Medium". Zur Aneignung des Short Message Service (SMS) durch Jugendliche.
   In: kommunikation@gesellschaft. Jahrgang 2. 2001. S. 6.
[49] Anmerkung: Siehe „Pilotstudie zu sprachlichen und kommunikativen Aspekten in der SMS-Kommunikation"
   zum Zwecke der Nachprüfung von Formen konzeptioneller Mündlichkeit.

Joachim Höflich entwickelt weiter die These, dass „die Nutzung des Short Message Service [...] aus einer Dialektik von Möglichkeiten und Beschränkungen abzuleiten [...]" ist und sich aus dieser Dialektik eine Etikette für die Handynutzung entwickelt. Die argumentative Grundlage dieser These zeigt im Kontext der Fragestellung ‚Die SMS - Botschaft als Email für das Handy?', die Beziehung zwischen Telefon und SMS, auf.

❖ *Mit der im Gegensatz zum mobilen Telefonat geräuschlosen und damit analog zur E-mail unauffälligen wie unaufdringlichen Kommunikation wird der Short Message Service zur mobilen alternativen Kommunikationsform, mit dem man sich „über langweilige Konferenzen und Schulstunden hinwegretten und weiterhin mit der geliebten Welt in Verbindung bleiben" kann.*

❖ *Mit der im Gegensatz zum mobilen Telefonat und analog zur E-mail asynchronen und damit unaufdringlichen Kommunikation wird der Short Message Service zur mobilen alternativen Kommunikationsform, wenn man verhindern will, das „Telefonate [...] den Lebensrhytmus des Angerufenen, ob der nun konzentriert arbeitet oder im Gespräch mit anderen ist, ob er isst oder sich noch intimeren Verrichtungen hingibt"[50], unterbrechen.*

Die Analyse nahezu vollständig vorliegender Transkripte von 19 Gruppendiskussionen unter Leitung von Joachim Höflich, durchgeführt an einem Gymnasium, an einem Berufsschulzentrum, an einer Universität mit Erstsemestern, sowie mit Mitgliedern des LetterNet-Clubs und zwei weiteren frei zusammengestellten Gruppen, führt zu folgenden vergleichenden Abwägungen.

❖ *Der Short Message Service ähnelt aufgrund des unsinnlichen Telegrammstils (kurze Sätze mit Auslassungen) und der Funktionen der Short Message - Inhalte (Kontaktpflege durch Erkundigung nach dem Wohlergehen, kurzfristige Verabredungen treffen, kurz-knappe Emotionsübermittlung) weniger einem Brief. Diesem wird, weil mit ihm sinnliche, positive Gefühle verbunden werden und er als etwas Besonderes erfahren wird, eine höhere Wertschätzung zugesprochen, was sich auch in der Ansicht widerspiegelt, dass es sich nicht schickt, einen Brief mit einer Short Message zu beantworten.*

---

[50] Höflich, Joachim: Das Handy als „persönliches Medium". Zur Aneignung des Short Message Service (SMS) durch Jugendliche.
In: kommunikation@gesellschaft. Jahrgang 2. 2001. S. 7.

❖ *Der Short Message Service ähnelt aufgrund der Funktionen der Short Message -*
Inhalte, sowie der zumeist schnellen Rückantwort des Short Message-Empfängers mehr
einem Telefongespräch. [51]

Peter Schlobinski, unter dessen Leitung Anno 2001 eine „Pilotstudie zu sprachlichen und
kommunikativen Aspekten in der SMS-Kommunikation" durchgeführt wurde, ermittelt
analog zu Höflich die Kontaktpflege und Informationsverbreitung als vorwiegende Gründe
für die Nutzung des Short Message Service. Diese Funktionsbesetzung als funktionale
Analogie zum Telefon kann als Erklärung dafür dienen, dass etwas über 20 % der
Befragten angeben, seit der Nutzung des Short Message Service weniger zu telefonieren.
Vergleiche zwischen SMS und dem Telefon in der Pilotstudie machen offenkundig, dass der
Short Message Service auf dem Feld der Vorteile Pluspunkte sammelt.

❖ *In Relation zum mobilen Telefonat sind die Kosten geringer.*
❖ *In Relation zum Telefon bietet SMS die Möglichkeit, ohne Sprechen zu*
kommunizieren. [52]

Joachim Höflich' s These vom Short Message Service als alternative Kommunikationsform
zum mobilen Telefon wird durch diese Umfrageergebnisse gestützt.

VI.
Warum ist der Short Message Service so beliebt?

„Eine der interessantesten Fragen bleibt weiterhin, weshalb SMS-Kommunikation in
erstaunlich kurzer Zeit eine solche Popularität erreicht hat."[53], konstatieren **Jannis
Androutsopoulos und Gurly Schmidt** und erwägen folgende, SMS und Handy
betreffende als Reize wirkende Faktoren:

❖ *Das Handy ist wegen seiner Merkmale „Dauerhafte Verfügbarkeit", „Handlichkeit",*
„erschwingliche Anschaffungspreise und monatliche Kosten" für „breite soziale
Kreise, insbesondere für Jugendliche, attraktiv und zugänglich."

---

[51] Vgl. ebd. S. 12 bis S. 14.
[52] Vgl. Schlobinsi, Peter/Fortmann, Nadine/Groß, Olivia/Hogg, Florian, Horstmann, Frauke/Theel, Rena: Simsen.
Eine Pilotstudie zu sprachlichen und kommunikativen Aspekten in der SMS-Kommunikation. In: Networx Nr. 22/ 2001. S. 25 bis S. 30.
[53] Androutsopoulos, Jannis/Schmidt, Gurly: SMS-Kommunikation: Ethnographische Gattungsanalyse am Beispiel einer Kleingruppe.
Institut für Deutsche Sprache. Mannheim 2001. S. 28.

- *Das Handy stillt durch seine „technische Eingeschränktheit" und die dadurch bestehende klare Umgrenzung der Nutzungsmöglichkeiten „die Sehnsucht nach Orientierungshilfen".*
- *Die SMS-Kommunikation ist „reizvoll", weil sie auf intimer und heimlicher Basis geschieht.*
- *Die SMS-Kommunikation bietet im Gegensatz zu synchroner mündlicher Kommunikation die Möglichkeit der „Überlegtheit innerhalb der Spontaneität" und damit einen höheren Grad an „Sprachgewandtheit".*
- *Die SMS-Kommunikation bietet die Möglichkeit, in Schriftform durch "nicht-standardsprachliche Ausdrucksweisen" „Persönlichkeit und Intimität" zu übermitteln.[54]*

Mit der Artikulation der letzten beiden Punkte wird vorausgesetzt, die SMS-Nutzer seien in der Formulierung bewusst und intendiert und damit an Sprache interessiert. Die im folgenden vorgestellten Studien von **Jannis Androutsopoulos, Gurly Schmidt und Peter Schlobinski** offenbaren einen sehr kreativen, bewusst spielerisch-schöpferischen auf die Bedürfnisse der Expressivität zugeschnittenen Umgang mit der Sprache als „Kommunikationsmethode"[55]. Auslegen kann man die sprachlichen Phänomene der SMS-Kommunikation wegen normorientierter Abweichungen als Sprachilloyalität, womit man bei der Diskussion um die sogenannte Verhunzung der deutschen Sprache über neue Medien angelangt ist. Aber wann ist man denn sprachloyal? **Wolf Peter Klein** interpretiert in einem Aufsatz über die Frage nach fehlender Sprachloyalität der Deutschen „[...] die Existenz von Sprachinteresse auch als Hinweis auf das Vorliegen von Sprachloyalität, sofern nicht andere Umstände eindeutig nahe legen, dass die fragliche Äußerung eine ablehnende Haltung gegenüber der jeweiligen Sprache impliziert."[56] Da die Nutzer des Short Message Service einen hohen Grad an Sprachinteresse aufweisen, kann man ihnen auf dieser theoretischen Grundlage die Eigenschaft Sprachloyalität zuordnen.

---

[54] Vgl. ebd. S. 28 bis S. 29.
[55] Colin Cherry: Kommunikationsforschung - eine neue Wissenschaft. 2. erweiterte Auflage. Hamburg 1967. S. 14.
[56] Linguistik Online 9, 2/01: Klein, Wolf Peter: Fehlende Sprachloyalität?
Tatsachen und Anmerkungen zur jüngsten Entwicklung des öffentlichen Sprachbewusstseins in Deutschland. S. 3.
Internetadresse: http://www.linguistik-online.com/9_01/Klein.html

VII.

Zu Aufgaben und Funktionen des Short Message Service in einer Kleingruppe im Zusammenhang mit Kommunikationsstrukturen und linguistischen Merkmalen.

Jannis Androutsopoulos und Gurly Schmidt führten anhand der von den Probanden in einem Zeitraum von 8 Wochen im Frühjahr 2000 genau dokumentierten SMS-Kommunikation eine ethnographische Gattungsanalyse durch, wobei kommunikative Gattungen als „konventionelle (verfestigte) Lösungen kommunikativer Probleme in der Praxis spezifischer Sozialwelten"[57] verstanden werden. Die analysierte prototypische Gattung, die der Kommunikationsform SMS zuzuordnen ist, ist die „privat-informelle SMS-Kommunikation im Freundeskreis". Bei den Probanden handelt es sich um eine Kleingruppe befreundeter junger berufstätiger Frauen und Männer in der Übergangsphase zwischen Jugend- und Erwachsenenleben aus einer Stadt in Süddeutschland. Der Korpus von 934 Texten, als Resultat von durchschnittlich 4 versendeten Short Messages pro Person, von denen 67 % in einem dialogischen Zusammenhang stehen, weist die Probanden als verlässliche, kommunikative und rege Nutzer des Short Message Service aus. Die Gattungsanalyse zielt darauf ab, „die konkreten kommunikativen Akte (SMS-Nachrichten) einer Kleingruppe im Kontext ihrer Produktions- und Rezeptionsbedingungen zu beschreiben."[58] Ein Resultat ist die Herauskristallisierung eines Spektrums von kommunikativen Aufgaben des Short Message Service:

- ❖ *Überprüfung der Kommunikationsbereitschaft durch „Anklopfen" per Short Message.*
- ❖ *Kurzfristiges und längerfristiges Planen und Festlegen von geselligen Verabredungen der Kleingruppe.*
- ❖ *Berichterstattung über jüngere Ereignisse wie Krankheit, Beziehungsstress und Autopanne.*
- ❖ *Übermittlung von standardisierten Grußbotschaften und „spontan-assoziative Interaktion" in regulär von Langeweile und Inaktivität geprägten Situationen, deren Leerlauf nun für die Kommunikation genutzt wird.*
- ❖ *Übermittlung von Liebesbotschaften zwischen Paaren und den befreundeten Frauen.[59]*

Aus diesem Aufgabenkomplex kann man vier Funktionen des Short Message Service ableiten.

---

[57] Androutsopoulos, Jannis/Schmidt, Gurly: SMS-Kommunikation: Ethnographische Gattungsanalyse am Beispiel einer Kleingruppe. Institut für Deutsche Sprache. Mannheim 2001. S. 5.
[58] Ebd. 7.
[59] Vgl. ebd. S. 11 bis S. 13.

- ❖ *Der SMS fungiert als Kommunikationsform für die diskret-tastende Annäherung.*
- ❖ *Der SMS fungiert als Kommunikationsform für die Beziehungspflege.*
- ❖ *Der SMS fungiert als Kommunikationsform für die kalendarische Gestaltung von Alltag.*
- ❖ *Der SMS fungiert als Kommunikationsform für die Überbrückung von Leerlaufzeiten.*

Mit diesem Aufgaben- und Funktionskomplex lässt sich der hohe prozentuale Anteil der SMS-Dialoge begründen. Die Korpusanalyse ergibt, dass 44 % aller Dialoge zweizügig sind, Dialoge bis zu 4 Zügen einen Anteil von 80 % einnehmen und 22 % aller Dialoge fünfzügig oder noch höherwertig angesiedelt sind. Jannis Androutsopoulos und Gurly Schmidt decken folgende charakteristische Strukturen der Dialogabfolge auf, wobei ein Dialog als „Abfolge von mindestens zwei aufeinander bezogenen, zeitlich und thematisch zusammenhängenden Beiträgen (Zügen) verschiedener Sender"[60], begriffen wird.

- ❖ *Zweizügige Dialoge sind der Prototyp der SMS-Kommunikation, welcher regulär in den Mustern Frage > Antwort, Vorschlag > Reaktion, Wunsch > Dank/Gegenwunsch u.a. erscheint und Aufgaben wie diskrete Annäherung, Verabredungen treffen, Liebesgrüße übermitteln, Fragen nach Informationen, übernimmt.*
- ❖ *Dreizügige Dialoge sind mit zweizügiger Grundstruktur erweitert um einen „ritualisierten, phatisch-expressiven Schritt, etwa eine Bestätigung, einen Dank, einen Ausdruck des Bedauerns oder des Trostes."*
- ❖ *Vierzügige Dialoge kommen einerseits in Form von Wiederholungen eines elementaren Musters vor wie Frage-Antwort oder Vorschlag-Reaktion, andererseits in Form von Kombination von Mustern wie z. B. die Abfolge von Vorschlag > Ablehnung > Genesungswunsch > Danksagung.*
- ❖ *Fünfzügige Dialoge beinhalten ein Aushandeln bezüglich der Gestaltung von Verabredungen in der Folge Vorschlag > Ablehnung > Gegenvorschlag > Vertagung des Disputs > Einverständnis.*[61]

Technische Rahmenbedingungen, wirkend als Einflüsse auf die Sprache bei dem Verfassen von SMS sind nach Jannis Androutsopoulos und Gurly Schmidt die

---

[60] Vgl. Androutsopoulos, Jannis/Schmidt, Gurly: SMS-Kommunikation: Ethnographische Gattungsanalyse am Beispiel einer Kleingruppe. Institut für Deutsche Sprache. Mannheim 2001. S. 15.
[61] Vgl. ebd. S. 15 bis S. 17.

❖ *reduzierte Zeichenmenge auf 160 pro SMS.*

❖ *umständliche Eingabe.*

❖ *hohen Kosten.*

❖ *automatische Worterkennung.[62]*

Die in diesem Kontext konstatierten linguistischen Merkmale sind analog der Ergebnisse der im Anschluss vorgestellten Pilotstudie von Schlobinski. Sprachliche Veränderungen aufgrund der automatischen Worterkennung sowie aufgrund des Schreibens von der PC-Tastatur sind:

❖ *Das Schreiben von Wörtern erfolgt spezifisch und intentional zur Förderung der automatischen Worterkennung (statt Festnetz – fest netz).*

❖ *Unpassende Vorschläge der automatischen Worterkennung werden zum Ersparen von Korrigierungsmühe übernommen und bekommen eine Synonymfunktion (statt o.k. – öl).*

❖ *Wegen der differenten Bedingungen der Webdienste zur Versendung von Short Messages enthalten die Botschaften zum einen die Namensinformation des Versenders. Zum anderen sind die Short Messages wegen der einfacheren Tastaturbedienung länger im Zeichensatz und enthalten häufig expressive Graphemwiederholungen (Juhuuuuuuuuuu).[63]*

Dass die Probanden Short Messages in einer Sprache mit starker Präsenz von Elementen „konzeptioneller Mündlichkeit" verfassen, feststellbar an dem hohen Anteil von Dialekt-, Umgangs- und Jugendsprache, an expressiven Interjektionen wie „oje, jupi, wei owei", an Lautmalereien wie „würg, *schmatz*, gulpgilp, arghhh", an dem Verschriftlichen von Kosenamen wie „Hey Maus" und „olles Schwein", ist Kennzeichen setzend für die „informelle Schriftlichkeit", zu beobachten auch bei der Chat- und Email-Kommunikation.[64]

Jannis Androutsopoulos und Gurly Schmidt stellen neben Dialektelementen außerdem Sprachvarietäten fest, die auf die Kreativität und Persönlichkeit der Mitglieder der Clique zurückzuführen sind und diese bestärken. Neben einem von einigen Gruppenmitgliedern genutztem Kindersprachenregister mit dem Zweck, durch Unschuld zu besänftigen, tauchen Wortneuschöpfungen auf mit dem Zweck, im Kontext etwas durch einen besonderen Ausdruck

---

[62] Vgl. ebd. S. 19.
[63] Vgl. ebd. S. 19 bis S. 20.
[64] Vgl. ebd. S. 25.

als besonders beachtenswert zu deklarieren. Ferner wird in der Gruppe ein sprachliches Spiel mit dem Einwurf von Werbeslogans, Songtiteln u. a., betrieben.[65]

Mit der SMS-Kommunikation ist also eine internes Gruppenkommunikationsnetz geschaffen, welches im Rahmen und unter Einfluss der technischen Beschränkungen die Möglichkeit birgt, eine gruppenspezifische Insidersprache zu entwickeln und auszubauen.

VIII.
Sprache und SMS. Linguistische Merkmale ursächlich konstatiert.

Peter Schlobinski fungierte Anno 2001 als Initiator und Leiter einer „Pilotstudie zu sprachlichen und kommunikativen Aspekten in der SMS-Kommunikation". Die Analyse wird determiniert durch die Suche nach sprachlichen Parallelen zwischen SMS und Onlinechat.

In die Analyse eingeflossen sind Fragebögen von insgesamt 150 Personen innerhalb einer Altersgrenze von 12 bis 30 aus einer Hannoveraner Schule, einem Sportverein und dem Studierendenkorpus der Universität. Der Fragebogen enthält die Aufforderung, die nächsten 6 SMS, welche der Proband bis zur Abgabe des Fragebogens erhält, wortwörtlich einzutragen. Damit liegt bei der Obergrenze von 900 SMS- Botschaften ein Korpus von 760 Nachrichten vor. 60 % der SMS - Botschaften kennzeichnen sich durch eine Abweichung von der normorientierten Groß- und Kleinschreibung aus. Davon schreiben 30 % konsequent groß und 13 % konsequent klein. Peter Schobinski und Mitautoren erklären diese Abweichungen zum einen mit der Tastaturnutzung nach dem Ökonomieprinzip, zum anderen mit der kommunikativen Funktion des Schriftbildes, „wie dies aus dem Chat bekannt ist, wo Großschreibung als Marker für ‚Schreien' (Emphase) fungiert.[66] Interessant ist, wie die 160-Zeichenbegrenzung zu dem Gebrauch von Majuskeln führt. Die Einsparung von Leerzeichen veranlasst zur Wortmarkierung durch Majuskeln, wie folgendes Beispiel verdeutlicht:

> ❖ *Grüß-*
>
> *Gott!SindNochImSchönstenBayern!Schatz,inBayernFindestDukeinenTraummann!Aber*
>
> *MorgenFrühGehtsLos&GlaubunsWirWerdenNichWiederKommenOhneUnsereMissionE*
>
> *rfülltZuHaben!LD*[67]

---

[65] Vgl. Androutsopoulos, Jannis/Schmidt, Gurly: SMS-Kommunikation: Ethnographische Gattungsanalyse am Beispiel einer Kleingruppe. Institut für Deutsche Sprache. Mannheim 2001.   S. 25 bis S. 27.

[66] Schlobinsi, Peter/Fortmann, Nadine/Groß, Olivia/Hogg, Florian, Horstmann, Frauke/Theel, Rena: Simsen. Eine Pilotstudie zu sprachlichen und kommunikativen Aspekten in der SMS-Kommunikation. In: Networx Nr. 22/ 2001. S. 9.

[67] Ebd. S. 9

Peter Schlobinski und Mitautoren drücken ihre Verwunderung darüber aus, dass 64, 4 % aller SMS - Botschaften in korrekter Satzzeichensetzung verfasst sind, obschon „bei verschiedenen Handytypen die Eingabe eines Frage- bzw. Ausrufezeichens etliche Tastendrücke erfordert, also relativ aufwendig ist."[68] An dieser Stelle kann man fragen, ob eine Verwunderung über das hohe Maß an korrekter Satzzeichensetzung trotz des damit verbundenen sogenannten Aufwandes überhaupt angemessen ist, denn ist denn der gesamte Prozess des SMS-Verfassens nicht mit einer enormen Tipparbeit versehen?

> ❖ *Die Stellung und Beantwortung der Frage, ob die Tipparbeit überhaupt einen Aufwand impliziert, kann zu einer möglichen Erklärung des fast ordnungsgemäßen Umgang mit Satzzeichen führen. Wenn nämlich Tipparbeit mit einem Spaßfaktor versehen ist, dann drückt man auch gerne das Knöpfchen mehrmals für ein Ausrufe- oder Fragezeichen. Die in der Analyse konstatierte Unterlassung von Graphemwiederholungen wie „Juhuuuuuu"[69] scheinen dieser These zu widersprechen. Dieser Widerspruch besteht jedoch nicht, wenn der Grund für diese Unterlassung nicht der sogenannte Aufwand der Tipparbeit darstellt, sondern der Monotonieeffekt der langfristigen Tastenwiederholung als lähmende Wirkung auf den Tippspaß.*

Diese Überlegungen können an dieser Stelle nur als Erwägungen stehen bleiben. Wie Peter Schlobinski und Mitautoren selbst bei der Befragung herausfinden, schreiben die Mehrzahl der Befragten gerne Short Messages, weil dies „bequem", „praktisch" und „schnell" ist.[70] Diese Begründungen allein widersprechen schon der These vom Aufwand.

Peter Schlobinski und Mitautoren erklären das Großscheiben aller Buchstaben in einem Wort mit der Absicht, Emotionen auszudrücken. Die Absicht, vom Adressaten wie gewünscht verstanden zu werden, gilt möglicherweise auch für die korrekte Handhabung der Satzzeichensetzung, da mit der korrekten Anwendung die vom Verfasser gewünschte Interpretation des SMS-Inhaltes gefördert wird. Analog zum Onlinechat, wie als Parallele konstatiert wird, werden graphostilistische Mittel wie Smileys [:-)] und Asterisken [*] beim Gebrauch von Inflektiven [*freu*] sowie zum Markieren von Abkürzungen [*g*] via SMS verschickt. Die Rolle der Transportierung von Emotionen über den SMS-Dienst wird damit ebenfalls unterstrichen. Nach Peter Schlobinski und Mitautoren kann der Gebrauch des Smileys als eine „Kompensationsstrategie für den Gebrauch verbaler und non-verbaler

---

[68] Ebd. S. 15.

[70] Vgl. Schlobinsi, Peter/Fortmann, Nadine/Groß, Olivia/Hogg, Florian, Horstmann, Frauke/Theel, Rena: Simsen. Eine Pilotstudie zu sprachlichen und kommunikativen Aspekten in der SMS-Kommunikation. In: Networx Nr. 22/ 2001. S. 26.

Merkmale in der gesprochenen Sprache begriffen werden."[71] Das Vorhandensein von Tilgungen, Assimilationen und Reduktionen erlaubt wieder den Vergleich zur Chat-Kommunikation. Bei 301 Fällen erfolgt zu 79 % in der 1. Person Singular die wortfinale Tilgung für –e.

> ❖ *Ja, hab[e] ich nur gerade nicht dran gedacht.Ich war in Cala Millor ich glaub[e] das ist an der Ostküste.Gute Nacht sag[e] ich jetzt mal. Muss bald ins Bett. SZ.hdgdl*

„Es handelt sich hier um ein typisches Merkmal der gesprochenen Sprache, das als Transferphänomen sich in der geschriebenen Sprache wiederspiegelt."[72]

„(ø) FAND'S AUCH S. SCHÖN".[73] Dieser Satz weist auf eine weitere sprachliche Auffälligkeit hin, nämlich die aus Ökonomiegründen angewandte Tilgung des Subjektpronomens der ersten Person Singular. Übertragungen der Umgangssprache stellen auch analog zur Chatkommunikation Assimilationen dar, wie beispielsweise die „Klitisierung des es-Pronomens *[wars, seh's]*, des Personalpronomens der 2. Person Sg. *[haste->hast Du, bissu, biste->bist du]* sowie bestimmte nicht-lexikalisierte Klitisierungen von Präposition und Artikel, nämlich *aufm, aufn aufs* und *fürs.* "[74] Neben Reduktionen bei der Silbe –en, zumeist bei dem Infinitivsuffix (müss[e]n, seh[e]n), tritt mit dem Reduktionsphänomen „supa, wieda, leida, die auf r-Vokalisierung zurückzuführen sind", wieder die Orientierung an der gesprochenen Sprache auf. Die 160-Zeichenbegrenzung mag neben der Nutzung konventionalisierter Abkürzungen wie Abi für Abitur oder Uni für Universität das Aufkommen von „Ad-hoc-Bildungen" wie „*e* (ein), *f*(für), *Schützenf* (Schützenfest), *geänd* (geändert), *ü-nächste* (übernächste) oder *zw-durch* (zwischendurch)", bewirken. Ebenfalls nicht herleitbar von der Chatkommunikation ist das Transportieren von Emotionen über nicht konventionalisierte Abkürzungen wie: „hdl" (hab dich lieb) mit entsprechenden Varianten: „hdal" (hab dich auch lieb), „hdgdl" (hab dich ganz doll lieb). Die englische Sprache spielt in dem SMS-Korpus keine große Rolle. Vorwiegend zu finden sind reguläre Anglizismen in Begrüßungssequenzen wie „hi" und „hey", sowie die englischen Kürzel „ok " (okay) und „cu" (see you).[75]

Welches Resümee kann man nun aus den Ergebnissen der Pilotstudie ziehen?

---

[71] Ebd. S. 11.   Anmerkung: *freu* bedeutet „Ich freue mich."; *g* bedeutet „Ich grinse."
[72] Ebd. S. 15.
[73] Ebd. S. 21.
[74] Schlobinsi, Peter/Fortmann, Nadine/Groß, Olivia/Hogg, Florian, Horstmann, Frauke/Theel, Rena: Simsen. Eine Pilotstudie zu sprachlichen und kommunikativen Aspekten in der SMS-Kommunikation. In: Networx Nr. 22/ 2001. S. 16.
[75] Vgl. Ebd. S. 17 bis S. 18; S. 20 bis S. 23.

❖   *Die Anforderungen von SMS dienen als Motivation für eine Abweichung von*
normorientierter Sprache.

Somit stellen die Abweichungen ein Arrangement bzw. eine Anpassung an die
Vorliegenden Kommunikationsbedingungen dar.

Schlobinski und Mitautoren ziehen folgendes Fazit:

„Es liegt hier kein Akü-Fimmel vor, der zum Sprachverfall führt, wie Sprachpuristen
immer wieder glauben machen, sondern die Art zu schreiben ist pragmatisch
angemessen.“[76] Das Konstatieren eines reinen Pragmatismus ist jedoch in Frage zu
stellen, bedenkt man den Variationsreichtum von Abkürzungen, die emotionale
Verbindung ausdrücken wie hdl (habe dich lieb), hdgdl (habe dich ganz doll lieb),
hdg(3x)dl (habe dich ganz (3x) doll lieb), hdsmdl (habe dich sehr mega doll lieb).
Dieser Variationsreichtum lässt einen spielerischen Umgang in Bezug auf die
Schöpfung von Abkürzungen vermuten, dessen Motivation aus dem Bedürfnis als
Urheber für einen Überraschungseffekt und Rateeffekt zu gelten, herrühren könnte.
Die Sprachanalogien zwischen SMS und Chat lassen außerdem vermuten, dass in der
Mehrheit Nutzer von SMS obendrein Nutzer der Chatangebote im Internet sind, und sich
an sprachliche Muster der Kommunikationsform Chat orientieren.
Dass die Nutzer von SMS auch Nutzer des Internets sind, zeigen unter anderem
Ergebnisse der Pilotstudie. Über die Hälfte der Befragten mit Ausnahme der unter 12-
jährigen und über 30-jährigen Personen nutzen das Internet, um Short Messages
kostengünstig zu versenden.[77]

IX.
Zum SMS – Nutzungsverhalten Jugendlicher.

Unter Leitung von **Joachim Höflich** wurde im Juli 2000 mit 204 Jugendlichen im
ausgewogenen Geschlechterverhältnis zwischen 14 und 18 Jahren aus verschiedenen
Regionen Deutschlands aus Gymnasien, Real- oder Hauptschulen und Berufsschulen mit den
Prozentanteilen 43 %, 32 % und 25 %, eine Befragung zur Nutzung des Short Message
Service durchgeführt.

Prägnante Aussagen über das Nutzungsverhalten sind:

---

[76] Ebd. S. 19.
[77] Vgl. Ebd. S. 31.

1. Der Short Message Service ist ein Gesprächsthema.

❖ Während für knapp 70 % der Mädchen in persönlichen Gesprächen SMS-Inhalte ein Gesprächsthema darstellen, ist dies bei etwas über 50 % der Jungen der Fall.

❖ Während für etwas über 55 % der Jungen die SMS-Angebote (technische Entwicklungen, günstige Anbieter) in persönlichen Gesprächen ein Gesprächsthema darstellen, ist dies bei etwas unter 50 % der Mädchen der Fall.[78]

Offenkundig ist hier die Gesprächsthemen betreffende Geschlechtsspezifik.

2. Der Short Message Service ist ein Bindeglied zwischen engeren Freunden und ein Dienst für die Schaffung von Neukontakten.

❖ Während der Partner oder Partnerin, sowie der beste Freund oder die beste Freundin bei Jungen wie bei Mädchen und andere Freunde und Freundinnen mehrheitlich die engsten SMS-Kontaktpersonen darstellen, werden Short Messages an Eltern, Verwandte und Fremde selten verschickt.

❖ Flirten per SMS wird generell befürwortet. Das Flirten per SMS richtig Spaß macht, finden tendenziell mehr Jungen als Mädchen.

❖ Zentrale Nutzungsdimensionen für beide Geschlechter aller Altersgruppen geltend sind:

1. die gegenseitige Rückversicherung.

(in Erfahrung bringen, was Freunde oder der Partner gerade machen und ob es ihnen gut geht)

2. die allgemeine Kontaktpflege.

(Verabredungen treffen, SMS an Leute verschicken, die man persönlich nicht treffen kann)

3. die Verfügbarkeit des Mediums.

(Gewährleistung der ständigen Erreichbarkeit in Paarung mit Notsituationen)

4. die Lebenshilfe.

(gegenseitig Rat geben)

5. der Nutz-Spass.

(Technik ausprobieren, Informationsabruf, Vertreiben von Langeweile)[79]

---

[78] Vgl. Höflich, Joachim/Steuber, Stefanie/Rössler, Patrick: Forschungsprojekt. Jugendliche und SMS. Gebrauchsweisen und Motive. Zusammenfassung der ersten Ergebnisse. Universität Erfurt. August 2000. S. 16.
[79] Vgl. Ebd. S. 11 bis S. 13.

Ein Vergleich der Nutzungsdimensionen mit den in **Peter Schlobinskis** Pilotstudie angeführten Gründen für das Versenden von Short Messages, sowie ein Vergleich der nicht prototypischen und prototypischen SMS-Kontaktpartner zeigen ähnliche Ergebnisse.

Peter Schlobinskis Pilotstudie untersucht darüber hinaus die Quantität der SMS-Kontaktpartner.

In den Grenzen zwischen 30 und 35 Prozent verteilen sich die regelmäßigen SMS-Kontakte der männlichen Personen mit je 1-3, 4-6, 7-9 Personen. Dagegen haben nur 20, 62 % der SMS- Schreiberinnen regelmäßigen Kontakt zu 7 bis 9 Personen. Regelkontakte zu 1-3 Personen und 4 bis 6 Personen bewegen sich dagegen je in den Grenzen von 35 bis 40 Prozent.[80]

Auch in der Pilotstudie wird das Flirten per SMS tendenziell vom männlichen Geschlecht bevorzugt. Die Aussage eines Befragten soll dabei der Beantwortung der Frage, warum SMS für den Flirteinsatz genutzt wird, dienlich sein.

> ❖ *„In diesem Zusammenhang sei ein sechszehnjähriger Junge erwähnt, der uns mitteilte, dass er per SMS sehr viele Liebesbotschaften an Mädchen verschicke, da es ihm viel leichter falle, per SMS zu flirten, als bei einem Telefongespräch, vis – à – vis oder gar einem langen Brief, bei dem er nie die richtigen Worte fände. Außerdem sei eine SMS auch nicht so verbindlich. "[81]*

Man kann aus dieser Aussage ableiten, dass der Short Message Service wohl für einen Teil der Nutzer eine die Bedürfnisse des Flirtrahmens abdeckende Kommunikationsform darstellt. Wenn das Flirten als vorsichtig tastende Annäherung verstanden wird mit dem Zweck, in sicherer Distanz Sympathie zu signalisieren, die Einstellung des Gegenüber auszukundschaften und mögliche Gemeinsamkeiten sowie Konträrpunkte festzustellen, dann eignet sich SMS wie der Befragte bereits aussagt, hervorragend.

---

[80] Vgl. Schlobinsi, Peter/Fortmann, Nadine/Groß, Olivia/Hogg, Florian, Horstmann, Frauke/Theel, Rena: Simsen.
Eine Pilotstudie zu sprachlichen und kommunikativen Aspekten in der SMS-Kommunikation. In: Networx Nr. 22/ 2001. S. 26 bis S. 28.
[81] Ebd. S. 27.

3. Der Short Message Service ist ein täglich genutzter Kommunikationsdienst in verschiedenen Nutzungsformen.

❖ *Durchschnittlich werden täglich 6 SMS verschickt und empfangen, 3 Handy-Telefonate geführt, 2 E-Mails verschickt und empfangen.*

❖ *Während die Anzahl täglicher SMS bei Anhängern der Nutzungsform „schicke nur eine SMS" bei 3 bis 4 versendeten und empfangenen SMS täglich liegt, kommen Anhänger der Nutzungsform „führe SMS-Gespräch" auf 7 bis 9 empfangene und verschickte SMS täglich.*

❖ *Die Nutzungsform des Führens eines SMS-Gesprächs durch die schnelle Abfolge von Versenden und Empfangen von SMS ist mit etwas unter 35 % bei den Jungen und etwas über 35 % bei den Mädchen vorwiegender als die Nutzungsform „schicke nur eine SMS" mit etwas über 30 % bei den Jungen und knapp 20 % bei den Mädchen. Aber etwas über 30 % der Jungen und knapp 45 % der Mädchen nutzen „beides gleich häufig".*

❖ *Die Nutzungsform des Führens von SMS-Gesprächen wird vorwiegend von Personen genutzt, die SMS aus Gründen der Lebenshilfe nutzen.*

❖ *Eine schnelle Rückantwort wird von fast 40 % der Befragten immer, von fast 60 % der Befragten meistens erwartet.*[82]

Peter Schlobinski entdeckt in der Pilotstudie das Phänomen Verzicht auf Abschiedssequenzen, was zum einen eine Aussage über die Erwartungshaltung, eine Rückantwort vom Adressaten zu erhalten, die bei 42 % der weiblichen und 50 % der männlichen Personen besteht, zum anderen eine Aussage über die Form des SMS-Kontaktes, enthält. Denn auf das Einhalten von Höflichkeitsriten kann man verzichten, wenn der Kontaktpartner vertraut und leger ist, wie unter Mitgliedern einer Peergroup zutreffend. Während Joachim Höflich zwischen dem Verschicken einzelner SMS und dem Führen von SMS-Gesprächen differenziert, untersuchen Peter Schlobinski und **Jannis Androutsopoulos sowie Gurly Schmidt** das Vorkommen von zweizügigen SMS-Kontaktsequenzen. Bei männlichen wie weiblichen Personen liegt in der Pilotstudie von Peter Schlobinski ähnlich der Ergebnisse der Gattungsanalyse von Jannis Androutsopoulos und Gurly Schmidt das „ein mal hin und her" Verschicken und Erhalten von Short Messages in den Grenzen von circa 50 % bis 70 %. Auffällige Ausnahmen bilden die jüngeren Probanden, nämlich die 12 bis 16

---

[82] Vgl. Höflich, Joachim/Steuber, Stefanie/Rössler, Patrick: Forschungsprojekt. Jugendliche und SMS. Gebrauchsweisen und Motive. Zusammenfassung der ersten Ergebnisse. Universität Erfurt. August 2000. S. 7; S. 15; S. 17.

Jahre alten Mädchen und 17 bis 21 Jahre alten Jungen, die wie auch in Höflichs Studie herauskristallisiert, mit circa 43 % und 50 % auch „längere Dialoge" führen.[83] Kommunikationsthemen sind in längeren Dialogen bei den jugendlichen Probanden zumeist „Klatsch und Tratsch, Reden über Jungs und Problemgespräche. Ältere Nutzer besprechen [analog zu den Ergebnissen der Gattungsanalyse von Jannis Androutsoloulos und Gurly Schmidt] in den längeren Dialogen eher Verabredungen."[84] Die jedoch im Durchschnitt liegende Dominanz der Zweizügigkeit leuchtet ein, wenn man die Nutzungsdimensionen in die Überlegungen integriert. Die Zweizügigkeit deckt den Bedarf für die gegenseitige kontaktpflegende Information über das eigene Wohlbefinden, für die Übermittlung eines lieben Grußes mitsamt der wegen Höflichkeitsnormen verpflichtenden Rückantwort, sowie für das schnelle Aushandeln von unkomplizierten Verabredungen.

4. Der Short Message Service ist ein Dienst, der in seiner Zeichenkapazität mittelmäßig ausgeschöpft wird.

❖ *Während das 160-Zeichen-Limit von knapp 50 % und knapp 25 % der Anhänger der Nutzungsform „schicke nur eine SMS" weniger bzw. meist ausgenutzt wird, nutzen 30 % und 40 % der Anhänger der Nutzungsform „führe SMS-Gespräch" die 160 Zeichen meist weniger bzw. meist aus.*

❖ *Tendenziell mehr Mädchen als Jungen schöpfen das 160-Zeichen-Potential aus.*[85]

Wie ist dieser Umgang mit der Zeichenkapazität zu deuten? Möglicherweise haben sich, erzwungen durch die eingeschränkte Zeichenkompetenz, kurze Sätze zu formulieren, die SMS-Nutzer einer sehr starken Anpassungsleistung unterzogen. Möglicherweise füllt der Short Message Service auch eine Bedürfnisnische für das Versenden sehr kurzer Botschaften. Möglicherweise besteht sowohl die Besetzung dieser Bedürfnisnische als auch eine Anpassungsleistung. Die Einbindung der Kontaktpflege als schwerpunktmäßige Nutzungsdimension kann bei den Erwägungen fortschrittlich sein. Standardisierte Sätze mit dem Ziel der Betreibung von Kontaktpflege wie beispielsweise „Hi. Wie geht's Dir. Hast Du heute Abend schon was vor? Lust auf Kneipentour?" benötigen, weil sie rituell, höflich verpflichtet kurz das Wohlergehen nachfragen, sowie die Planung einer Verabredung als ein Vorspiel auf eine kontaktpflegende Aktion wie hier die Kneipentour darstellen, keine große Satzzeichenkapazität. Die hier angeführten Thesen wären zu überprüfen.

[83] Vgl. Schlobinsi, Peter/Fortmann, Nadine/Groß, Olivia/Hogg, Florian, Horstmann, Frauke/Theel, Rena: Simsen. Eine Pilotstudie zu sprachlichen und kommunikativen Aspekten in der SMS-Kommunikation. In: Networx Nr. 22/ 2001. S. 24 bis S. 25; S. 29.
[84] Ebd. S. 30.
[85] Vgl. Höflich, Joachim/Steuber, Stefanie/Rössler, Patrick: Forschungsprojekt. Jugendliche und SMS. Gebrauchsweisen und Motive. Zusammenfassung der ersten Ergebnisse. Universität Erfurt. August 2000. S. 18.

X.
Zur Bedeutung und Wirkung des Handys in Bezug auf das Kollektiv, das Individuum und die Peergroup und warum das Handy ein „Muss" für den Jugendlichen ist.

Joachim Höflich untersucht die These, „dass die Praxis des Gebrauchs von Medien deren Bedeutung ausmacht. Ändert sich diese, dann hat man es – zumindest in einem sozialen Sinne – mit einem anderen Medium zu tun. [...] Praxis ist an kollektive Muster des Gebrauchs geknüpft. So verstanden geht es um (sub-)gruppenspezifische Nutzungsmuster und Bedeutungen."[86]

Höflich arbeitet folgende Muster des kollektiven Gebrauchs heraus:

> ❖ *Das Handy ist ein selbstverständlicher, ständiger Begleiter, der am Körper getragen wird.*
>
> *Der Handybesitzer ist damit ständig erreichbar.*
>
> ❖ *Das Entgegennehmen und Versenden von Short Messages erfolgt im öffentlichen wie privaten Raum.*
>
> ❖ *Das Führen von Privatgesprächen erfolgt im öffentlichen Raum.*

Wirkungen dieser Muster des kollektiven Gebrauchs sind folgende:

> ❖ *Mit der Verquickung Klingeltöne und Klingelmelodien von Handys werden zu gewohnten Geräuschen in öffentlichen wie privaten Räumen, welche Gespräche und Denkprozesse von umgebenden Personen unterbrechen.*
>
> ➡ *Das Handy wird als Störfaktor wahrgenommen.*
>
> ❖ *von privater und öffentlicher Kommunikation sind Umgebende zum einen Ausgeschlossene von privater Kommunikation, zum anderen dem Zwang ausgesetzt, Intimitäten mitzuhören.*
>
> ➡ *Das Handy wird als Störfaktor wahrgenommen.*[87]

„Es ist nicht davon auszugehen, dass Innovationen unmittelbar in Sozialsysteme aufgenommen werden und sich lückenlos in eine gegebene Praxis (und deren Regeln) einfügen."[88]

Dass das Handy gleichsam als Störung wirkt, ist nach Joachim Höflich ein Kennzeichen für das Nichtvorhandensein einer Handyetikette, womit die Notwendigkeit des Aufstellens von

---

[86] Höflich, Joachim: Das Handy als „persönliches Medium". Zur Aneignung des Short Message Service (SMS) durch Jugendliche. In: kommunikation@gesellschaft. Jahrgang 2. 2001. S. 4.
[87] Vgl. Höflich, Joachim: Das Handy als „persönliches Medium". Zur Aneignung des Short Message Service (SMS) durch Jugendliche. In: kommunikation@gesellschaft. Jahrgang 2. 2001. S. 4 bis S. 5.
[88] Ebd. S. 5.

Verbotsschildern an kulturellen Orten erklärt ist. Für Joachim Höflich impliziert das Handy ein „persönliches Medium" wegen folgender Eigenschaften:

> ❖ *Über das Handy verfügt man als alleiniger Besitzer individuell. Arrangements wie bei einem familiären Haustelefon zutreffend, sind nicht vorhanden.*
>
> ❖ *Über das Handy demonstriert man Eigenschaften der Persönlichkeit wie die Verfolgung eines technikoffenen und mobilen Lifestyles.*[89]

Woran weiter kann man die Wirkung der individuelle Verfügbarkeit außer dem von Joachim Höflich angeführtem Fakt, keine Arrangements eingehen zu müssen, erkennen:

> ❖ *Zum einen sind Marke, Farbe und Anbieter regulär nach personenbezogenen Kriterien ausgewählt worden. Weiter erwirkt die Bedeutung des Handys als ein „persönliches Medium" die individuelle Gestaltung des Handys, erkennbar an spezifischen Klingeltönen oder Klingelmelodien, an spezifischen Graphiken auf dem Display, sowie an der spezifischen Nutzung der Speicherkapazität des Handys für wertgeschätzte SMS – Botschaften.*

Ergebnisse aus Joachim Höflichs Umfrage mit 204 Jugendlichen im Juli 2000 verweisen auf den hohen und mit dem Alter steigenden Autonomiegrad Jugendlicher in ihrer Beziehung zu ihrem Handy, was ebenfalls die These vom Handy als „persönliches Medium" unterstützt:

> ❖ *Mit steigendem Alter wächst der Anteil der Jugendlichen mit Festnetzvertrag von circa 35 % mit 14 Jahren auf circa 70 % mit 18 Jahren.*
>
> ❖ *Mit steigendem Alter wächst der Anteil der Jugendlichen mit selbstfinanziertem Handy von circa*
>   *45 % mit 14 Jahren auf über 70 % mit 18 Jahren.*[90]

---

[89] Vgl. ebd. S. 4.
[90] Vgl. Höflich, Joachim/Steuber, Stefanie/Rössler, Patrick: Forschungsprojekt. Jugendliche und SMS. Gebrauchsweisen und Motive. Zusammenfassung der ersten Ergebnisse. Universität Erfurt. August 2000. S. 3 bis S. 5.

Die Etablierung des Handys als Massenkommunikationsmedium veranlasst zu fragen: Hat das Handy eine statussignalisierende Bedeutung?

❖ Status ist ein „soziologischer Begriff für die (hohe oder niedere) soziale Stellung bzw. Wertschätzung die einer Person zukommt. [...] Statussymbole sind Dinge (z. B. Autos) und Verhaltensweisen (z. B. Großzügigkeit), die anderen über die eigene (tatsächliche oder gewünschte) Persönlichkeit Auskunft geben (sollen)."[91]

Nach Joachim Höflich demonstriert nicht der, der mobil spricht Status. Nein! „Status demonstriert nunmehr der, der auf das mobile Telefon verzichten kann"[92], weil er keinem Zwang und damit hohem Grad von Fremdbestimmung unterworfen ist, in immerwährender Erreichbarkeit in „Habachtstellung" zu gehen. Was ist, wenn sich wie Höflich auch zu bedenken gibt, „Status ab einer gewissen Verbreitung eines Artefakts nicht allein durch den Besitz, sondern vielmehr durch die Art und Weise des Gebrauchs zeigt [...]"?[93] Bedient man sich eines Beispiels aus der freien Wirtschaft, dann zeigt der Geschäftsmann, allzeit bereit mit Handy am Ohr, dass er sich auf einer unsicheren Stelle auf der Karriereleiter bewegt. Aber die Person, die das Handy abstellt zeigt, dass sie sich ohne Folgen befürchten zu müssen, ausklinken kann, sei es weil der Beruf mobilen Kommunikationsbereitschaftsdienst nicht verlangt, sei es, weil man auf zu niedriger oder aber zu hoher Karriereleiterstufe steht. Da das Handy als Massenkommunikationsmittel also nicht mehr direkt durch Besitz, sondern indirekt durch Art und Weise des Gebrauchs Aussagen über den sozialen Status seines Nutzers zulässt, fungiert es, „wenn schon nicht als striktes Statusinsignium, so zumindest als Markierung für Lebensstile, wie etwa zur Demonstration von Technikoffenheit mitsamt einem mobilen Lifestyle, wie auch als Mittel, die Zugehörigkeit zu einer bestimmten Referenzgruppe anzuzeigen."[94] Joachim Höflich's Beobachtung, Jugendliche würden die Aufdringlichkeit des Handys intentional als Provokationsmittel, als Mittel zum Widerstand gegen die Welt der Erwachsenen einsetzen[95], lässt sich in diesem Zugehörigkeitsbezug verorten. Auch der flexible, spielerisch-kreative Umgang mit der Sprache in Bezug auf SMS und die Etablierung und Entwicklung von gruppeninternen Sprachmustern, kann einerseits als eine bewusste Maßnahme für Integration in eine Gruppe, andererseits als eine bewusste Maßnahme für die Abgrenzung allgemein von der Masse oder speziell von der Erwachsenenwelt interpretiert werden. **Ines Sasse** verweist auf die Funktion der spezifischen

---

[91] Schubert, Klaus/Klein, Martina: Das Politiklexikon. Bonn 1997. S. 282.

Sprache Jugendlicher als Lieferant von sozialer Orientierung[96], als Möglichkeit, sich in ein soziales Gefüge via Sprache zu integrieren.

Verweist das Handy auf die engere Zugehörigkeit der Person zu einer Gruppe, dann muss eben diese Person für die Gruppe, durch den spezifischen Fall abhängige funktionale Gründe bedingt, erreichbar sein, wie folgende kontrastierende Beispiele zeigen:

❖ *Ein Beispiel für einen beruflichen Grund: Der mobile Geschäftsmann und die mobile Geschäftsfrau müssen für ihre beruflichen Kontaktpartner und Kontaktpartnerinnen erreichbar sein, weil sie trotz räumlicher Distanz miteinander über berufliche Angelegenheiten kommunizieren müssen.*

❖ *Ein Beispiel für einen sozialen Grund: Der mobile Jugendliche und die mobile Jugendliche müssen für ihre engen sozialen Kontakte erreichbar sein, weil sie trotz räumlicher Distanz miteinander über öffentliche, private, schulische oder universitäre, berufliche, familiäre, etc. Angelegenheiten kommunizieren müssen.*

Die Stabilisierung der Zugehörigkeit zu einem Personenkreis kann durch das Handy mit seiner Eigenschaft, räumliche Distanz als Knotenpunkt eines Kommunikationsnetzes zu überwinden, erreicht werden. Das „MUSS" für die mobil beruflich tätige Person, diese funktionale Eigenschaft zu nutzen, leuchtet ein. Aber wie lässt sich die These argumentativ untermauern, dass ein Jugendlicher mobil über das Handy kommunizieren muss, um die Zugehörigkeit zu sozialen Gruppe(n) zu stabilisieren? Geht das nicht auch anders?

Eine Antwort auf diese Frage kann lauten, dass der Zeitgeist, oder konkreter der Trend diese Anforderung an den Jugendlichen stellt. Ein in der Gruppe einheitlich verfolgter Trend wie die Kommunikation über das Handy, verknüpft die Glieder der Gruppe.

Mit der Handynorm in der Peergroup existiert neben Kommunikationsbereichen ohne räumliche Distanz wie beispielsweise Face-to-Face-Kommunikation in der Schule, in der Universität, im Betrieb, zu Hause, in Meetings, auf Partys, in Cafés, in Kneipen, im Kino, auf der Strasse, in Geschäften, in der Sporthalle und im Schwimmbad, sowie Kommunikationsbereichen mit räumlicher Distanz wie beispielsweise mediale Kommunikation per Hausanschlusstelefonat, per Email, per Chat, per Brief oder auch Briefbuch, ein ganz neuer Kommunikationsbereich.

---

[92] Höflich, Joachim: Das Handy als „persönliches Medium". Zur Aneignung des Short Message Service (SMS) durch Jugendliche. In: kommunikation@gesellschaft. Jahrgang 2. 2001. S. 1.
[93] Höflich, Joachim: Das Handy als „persönliches Medium". Zur Aneignung des Short Message Service (SMS) durch Jugendliche. In: kommunikation@gesellschaft. Jahrgang 2. 2001. S. 1.
[94] Ebd. S. 4.
[95] Ebd. S. 11.
[96] Sasse, Ines: Spracheinstellungen und –bewertungen von Jugendlichen. In Schlobinski, Peter/Heins, Niels-Christian (Hg.): Jugendliche und ihre Sprache. Sprachregister, Jugendkulturen und Wertesysteme. Empirische Studien. Opladen/Wiesbaden S. 209.

Joachim Höflich' s Umfrage mit 204 Jugendlichen aus Deutschland im Juli 2000 ergibt, „[...] dass die Zahl geführter Handy-Telefonate mit allen anderen Handlungen korreliert - wer viel mobil telefoniert, nutzt auch stärker SMS, Email und sogar den klassischen Brief. Somit können die Handy-Aktivitäten in der vorliegenden Studie als ein genereller Indikator für das Ausmaß vermittelter Kommunikation gelten."[97] Dieses Ergebnis verweist auf eine starke Zugehörigkeit der SMS-Nutzer zu einer Peergroup. **Colin Cherry** schreibt in diesem Kontext:

> ❖ „*Kommunikation bedeutet ‚Teilhaben' [...]. Ich würde eine Gruppe von Personen, eine Gesellschaft, einen Kulturkreis definieren als ‚in Kommunikation befindliche Menschen'. Man kann von ihnen annehmen, dass sie gemeinsame Regeln der Sprache, der Sitten und Bräuche teilen. [...] Je nach dem Grade dieser Übereinstimmung ist auch die Einheit stärker oder schwächer. [...] Erst die Kommunikation ermöglicht ein echtes Leben in einer Gemeinschaft, denn Kommunikation bedeutet Organisation. Kommunikation ist die Voraussetzung für das Wachstum einer sozialen Grundeinheit [...].*"[98]

Weil also die Existenz und Entwicklung einer Peergroup von Kommunikation abhängig ist, nutzt sie die Vielzahl der Kommunikationsformen für ihr internes Kommunikationsnetz. Die Nichtnutzung des Kommunikationsmediums Handy kann demnach eine, weil sie den Ausschluss von dem mobilen Gruppenkommunikationsnetz impliziert, von der Gruppe lösende Wirkung haben. In der Gruppe beherrschende Kommunikationsthemen wie aktueller Klatsch und Tratsch, der Austausch von neuen Trendformen wie Handyklingeltöne, SMS-Sprüche oder SMS-Grafiken, sowie das kurzfristige Verabreden zu Gruppenaktivitäten wie beispielsweise zu einem Kneipenbesuch, finden vom jugendlichen Nichtnutzer des Handys isoliert weil im Handy - internen Bereich statt. Beansprucht der Jugendliche also die stabile Zugehörigkeit zu einer sozialen Gruppe, so muss er mit dem Handy kommunizieren.
Das Handy hat damit eine Integrationsfunktion. Verweigert man sich dem Handy, kann dies somit desintegrativ wirken.

---

[97] Vgl. Höflich, Joachim: Das Handy als „persönliches Medium". Zur Aneignung des Short Message Service (SMS) durch Jugendliche. In: kommunikation@gesellschaft. Jahrgang 2. 2001. S. 9.
[98] Colin Cherry: Kommunikationsforschung - eine neue Wissenschaft. 2. erweiterte Auflage. Hamburg 1967. S. 14 bis S. 15.

XI.
Schlusswort.

Dass jugendliche und junge Erwachsene das Handy als Mittel zur Zugehörigkeit zu einer Gruppe, als alltägliches Kommunikationsmedium in der Gruppe eigensinnig und durchaus medienkompetent nutzen, wobei Medienkompetenz hier die Dimensionen „Medienkritik", „Medienkunde", „Medien-Nutzung" und „Medien-Gestaltung" umfasst,[99] ist mit dieser Arbeit deutlich geworden. Medienkritisches Verhalten ist bei der zum großen Teil bestehenden Selbstfinanzierung des Handys vermutlich eine zwangsläufige Begleiterscheinung, da das Handy in den Taschengeldbeutel der Jugendlichen greift. Ob der Geldbeutel leer oder gefüllt ist, hängt dann im Regelfall auch von der Höhe der Telefonkosten ab. Ob das Modell der Selbstverantwortlichkeit durch Selbstfinanzierung eine kritische Haltung durch das Abwägen von Vor- und Nachteilen alternativer Kostenmodelle, sowie die Notwendigkeit des beständigen kritisch-reflektierenden Informationsupdates bezüglich des Handymarktes in der Tat erwirkt, ist zu überprüfen. Das Bewusstsein um das Handy als einen Störfaktor und der möglicherweise diesbezüglich provokative Einsatz in der Öffentlichkeit oder auch Privatheit, verweist auf ein Problembewusstsein im Umgang mit dem Handy, was auf die Fähigkeit zur „Medienkritik" auf ethischer Ebene, hinweist. Die Dimension „Medienkunde" begehen die Nutzer, indem sie sich über die Möglichkeiten und technischen Entwicklungen, die das Handy bietet, informieren. Das Handy als Gesprächsthema unter Freunden, sowie die Inanspruchnahme von Themen und Diensten rund um das Handy im Internet, belegen diese Aneignung von Information.

Zur Dimension „Medienkunde" gehört ebenfalls die Fähigkeit, das Handy bedienen zu können, also die Kompetenz, das Handy an- und abzuschalten, aufzuladen, die Mail-Box abzuhören, Nummern und Nachrichten zu speichern, sowie die Tastatur nach gewünschten Funktionen zu bedienen. Das Geschick zur „Medien-Nutzung" zeigen die Jugendlichen durch ihren von verschiedenen Kommunikationsfunktionen und –aufgaben bestimmten regen Short Message Verkehr von Handy zu Handy, sowie durch das Versenden von Bildbotschaften und speziellen Sprüchen vom Internet zum Handy. Die Entwicklung von speziellen Sprachcharakteristika als typisch für die SMS-Kommunikation, sowie die Entwicklung und Durchsetzung der SMS-Kommunikation von Cliquen-spezifischen

---

[99] Vgl. Ministerium für Frauen, Jugend, Familie und Gesundheit des Landes NRW (Hg.): Kinder und Jugendliche an der Schwelle zum 21. Jahrhundert. Die Jugend im Informationszeitalter. Multimedia und Internet.
Expertise zum 7. Kinder- und Jugendbericht der Landesregierung NRW. Düsseldorf 2000. S. 53 bis S. 55.

Sprachstrukturen, zeigt die Fertigkeit zur „Medien-Nutzung" gemäß bestehender Zugehörigkeitsregeln, hier in der spezifischen Sprache manifestiert.

Die Dimension „Medien-Gestaltung" wird durch die kreative Formung des Handys nach Maßstäben persönlicher Ästhetik innerhalb der technischen Möglichkeiten, beispielsweise durch das Herunterladen von Logos auf das Handy aus dem Internet zur Verschönerung des Displays, oder durch das Herunterladen von Handyspielen, offenbart.

XII.
Literaturverzeichnis.

Literatur aus dem Internet.

Anmerkung
Die Gültigkeit der Internetadressen wurde am 01/02/02 nachgeprüft.

❖ Androutsopoulos, Jannis/Schmidt, Gurly: SMS-Kommunikation: Ethnographische Gattungsanalyse am Beispiel einer Kleingruppe. Institut für Deutsche Sprache . Mannheim 2001. S. 1 bis S. 31.
Internetadresse:
http://www.ids-mannheim.de/prag/sprachvariation/tp/tp7/SMS-Kommunikation.pdf

❖ COBY Consulting GmbH: Vermieten Sie und Ihre Dachflächen.
Internetadresse: http://www. dach-geld.de/home.htm

❖ Die Welt-Online am 26/01/02: Die Wende am Handymarkt lässt noch auf sich warten.
Internetadresse: http://www.welt.de/daten/2002/01/26/0126un310234.htx

❖ DisplaySearch Press. New DisplaySearch Quarterly Report Tracks Worldwide Mobile Phone Penetration, Display Procurement, Revenues and Prices.
Internetadresse: http://www.Displayresearch.com/press/2001/122001.html

❖ Dürscheid, Christa: E-Mail und SMS-ein Vergleich.
Internetadresse:
http://www.websprache.unihannover.de/workshop/downloads/duerscheid/index.htm

❖ Eimeren, Birgit von/Gerhard, Heinz/Frees, Beate: ARD/ZDF-Online-Studie 2001: Internetnutzung stark zweckgebunden. In: Media Perspektiven 8/2001.
Internetadresse: http://www.das-erste.de/studie/ardonl01.pdf

❖ Frankfurter Rundschau-Online am 29/01/02: Die SMS wird bunt – und noch teurer.
Internetadresse: http://www. frankfurterrundschau.de/fr/200/t200006.htm

❖ GSM-World. SMS Growth und Forecast to December 2001.
Internetadresse: http://www. gsmworld.com/memership/graph_sms.html

❖ Höflich, Joachim: Das Handy als „persönliches Medium". Zur Aneignung des Short Message Service (SMS) durch Jugendliche. In: kommunikation@gesellschaft. Jahrgang 2. 2001.
Internetadresse: http://www.uni-frankfurt.de/fb03/K.G./B1_2001_Höflich.pdf

❖ Höflich, Joachim/Steuber, Stefanie/Rössler, Patrick: Forschungsprojekt: Jugendliche und SMS. Gebrauchsweisen und Motive. Zusammenfassung der ersten Ergebnisse.

Universität Erfurt. August 2000.

Internetadresse: http://www.uni-erfurt.de/kw/forschung/smsreport.doc

❖ Jupiter MMXI: Der Handyboom bei Teens zeigt sich auch im Internet.

Pressemitteilung vom 4. Dezember 2000.

Internetadresse: http://de.jupitermmxi.com/xp/de/press/releases/pr_120400.xml

❖ Jupiter MMXI: Jupiter MMXI veröffentlicht erstmals wöchentliche Online-
Nutzungsdaten. Pressemitteilung vom 3. Juli 2001.

Internetadresse: http.//de.jupitermmxi.com/xp/de/press/releases/pr_070301.xml

❖ Jupiter MMXI: Die Teenager von heute prägen die Online-Welt von morgen.

Pressemitteilung vom 2. August 2001.

Internetadresse: http://de.jupitermmxi.com/xp/de/press/releases/pr_080201.xml

❖ Jupiter MMXI: Drei von vier sind wirklich drin.

Pressemitteilung vom 27. August 2001.

Internetadresse: http://de.jupitermmxi.com/xp/de/press/releases/pr_082701.xml

❖ Linguistik Online 9, 2/01: Klein, Wolf Peter: Fehlende Sprachloyalität? Tatsachen und
Anmerkungen zur jüngsten Entwicklung des öffentlichen Sprachbewusstseins in
Deutschland.

Internetadresse: http://www.linguistik-online.com/9_01/Klein.html

❖ Projekt Sprache@web. Workshop. Sprache und Kommunikation im Internet.
Infomappe.

Internetadresse:

http://www.websprache.uni-hannover.de/workshop/downloads/infomappe.pdf

❖ Schlobinsi, Peter/Fortmann, Nadine/Groß, Olivia/Hogg, Florian, Horstmann, Frauke/
Theel, Rena: Simsen. Eine Pilotstudie zu sprachlichen und kommunikativen Aspekten
in der SMS-Kommunikation. In: Networx Nr. 22/ 2001.

Internetadresse: http://www.websprache.net/networx/docs/networx-22.pdf

❖ Speedpanel. Speedfacts Research Mai/Juli 2001.

Interaktionsformen mit SMS. Häufigkeit der Nutzung von SMS.

Internetadresse: http://www.speedpanel.com/ergebnis.php3

❖ Spiegel Online am 18/01/01: Mobile Internet. Noch zu langsam, zu teuer?

Internetadresse: http://www.spiegel.de/netzwelt/technologie/0,1518,112920,00html

❖ Spiegel Online am 23/03/01 : Cebit-Trends. SMS goes Festnetz. .

Internetadresse: http://www.spiegel.de/netzwelt/technologie/0,1518,124257,00.html

❖ Spiegel Online am 18/04/01: Wegen Handy Boom. Die Telefonzelle stirbt aus.

Internetadresse: http://www.spiegel.de/wirtschaft/0,1518,128756,00.html

❖ Spiegel-Online am 26/01/02: Die Piep-Show. Simsen, bis der Daumen schwillt.

Internetadresse: http://www.spiegel.de/unispiegel/wunderbar/0,1518,179007,00.html

❖ Spiegel-Online am 26/05/01: SMS-Werbung. Treibjagd per Telefon.

Internetadresse: http://www.spiegel.de/netzwelt/netzkultur/0,1518,136365,00.html

❖ Universität Erfurt. Kommunikationswissenschaft. Tagung.

Internetadresse: http://www.uni-erfurt.de/kw/Tagung/symposium.html

❖ Untitled Document: Links zum Thema Handy-Strahlung und Elektro-Smog.

Internetadresse: http://www.handy-werte.de/links.html

Literatur außerhalb des Internets.

❖ Baacke, Dieter: Jugend und Jugendkulturen. Darstellung und Deutung.

3., überarbeitete Auflage. Weinheim und München 1999.

❖ Berliner Geschichtswerkstatt e.V. (Hg.): Vom Lagerfeuer zur   Musikbox.

❖ Colin Cherry: Kommunikationsforschung - eine neue Wissenschaft.

2. erweiterte Auflage. Hamburg 1967.

❖ Dittmar, Achim/Lautenschläger, Gert: Handy. Workshop und Tools. Düsseldorf 2001.

❖ FAZ am 22/01/02. Nr. 18. S. 13: Deutsche Telekom   macht Rückzieher bei SMS-Preisen.

❖ Haller, Andy: SMS - Messages. Niederhausen 2000.

❖ Holly, Werner: Zur Rolle von Sprache in Medien. Semiotische und

kommunikationsstrukturelle Grundlagen.

In: Muttersprache. Heft 1. 1997. S. 64 bis S. 75.

Jugendkulturen 1900-1960. Berlin 1985.

❖ Jochmann, Ludger: SMS. Sprüche, Tipps und Tricks. Frankfurt am Main 2000.

❖ Knoll, Joachim H.: Jugend, Jugendgefährdung, Jugendmedienschutz.

Münster/Hamburg/London 1999. (Junge Lebenswelt, 1).

❖ Koch, Peter/Oesterreicher, Wulf: Schriftlichkeit und Sprache.

In: Günther, Hartmut/Ludwig, Otto (Hg.): Schrift und Schriftlichkeit. Handbücher für

Sprach- und Kommunikationswissenschaft- Bd. 1.

Berlin/New York 1994. S. 588 bis 604.

❖ Lehnert, Gertrud: Mit dem Handy in der Peepshow. Berlin 1999.

❖ Lottes, Stefanie: SMS für Dich. München 1999.

- Ministerium für Frauen, Jugend, Familie und Gesundheit des Landes NRW (Hg.): Kinder und Jugendliche an der Schwelle zum 21. Jahrhundert. Die Jugend im Informationszeitalter. Multimedia und Internet. Expertise zum 7. Kinder- und Jugendbericht der Landesregierung NRW. Düsseldorf 2000.

- Neuhaus, Joachim: SMS für Verliebte. Zitierfähige Sprüche und unverzichtbare Ratschläge. Frankfurt am Main 2001.

- Nickisch, Reinhard M. G.: Der Brief. Stuttgart 1991. Opladen 1998.

- Opaschowski, Horst W.: Generation@. Die Medienrevolution entläßt ihre Kinder: Leben im Informationszeitalter.Hamburg 1999.

- Reischl, Gerald/Sundt, Heinz: Die mobile Revolution. Das Handy der Zukunft und die drahtlose Informationsgesellschaft. Wien/Frankfurt 1999.

- Runkehl, Jens/Schlobinski, Peter/Siever, Torsten: Sprache und Kommunikation im Internet. Opladen 1998.

- Sasse, Ines: Spracheinstellungen und –bewertungen von Jugendlichen. In: Schlobinski, Peter/Heins, Niels-Christian (Hg.): Jugendliche und ihre Sprache. Sprachregister, Jugendkulturen und Wertesysteme. Empirische Studien. Opladen/Wiesbaden . S. 209 bis S. 233.

- Schubert, Klaus/Klein, Martina: Das Politiklexikon. Bonn 1997.

- Schwab, Jürgen/Stegmann, Michael: Die Windows-Generation. Profile, Chancen und Grenzen jugendlicher Computeraneignung. München 1999.

- Weiler, Stefan: Die neue Mediengeneration. Medienbiographien als medienpädagogische Prognoseinstrumente. Eine empirische Studie über die Entwicklung von Medienpräferenzen. München 1999.